AF634232

Natalie Lumpp

Nächste Ausfahrt Weingenuss

Natalies Lieblingsweingüter, Restaurants & Übernachtungen maximal 15 Minuten von der Autobahn

INHALT

LIEBE WEINLIEBHABER!

Lange Zeit schwirrte mir im Kopf herum, dass es noch kein praktisches Buch mit Genießertipps entlang der Autobahnen gibt. Dabei sind die meisten von uns heutzutage doch so oft unterwegs. Beim Blättern in diesem Buch werden Sie sehen, wie schnell man wunderschöne Ziele erreichen kann. Man braucht dafür auch gar nicht viel Zeit – schon ein kurzer Abstecher, ein paar Stunden, ein halber Tag oder auch mal ein ganzer genügen, um die wunderbaren Weinorte zu besuchen.

Geht es Ihnen auch so, dass Sie bisweilen auf der Autobahn im Stau stehen und die Zeit als nutzlos empfinden? Fahren Sie doch einfach mal bei der nächsten Ausfahrt ab. Eine Pause muss man eh irgendwann einlegen, also wählen Sie doch lieber einen hübschen Gasthof im Grünen statt die vielleicht hektische Raststätte.

Genießen Sie entspannte Stunden in ausgezeichneten Weingütern, lassen Sie sich in gemütlichen Restaurants verwöhnen oder verbinden Sie den Stopp mit einer spontanen Übernachtung in einem charmanten Hotel. Wem sage ich es, dass die ungeplanten Entscheidungen oft die schönsten sind – und häufig noch lange Zeit in Erinnerung bleiben!

Beim Stöbern auf den folgenden Seiten werden Sie merken, dass sich bei den Weingütern viel tut. Früher wäre es undenkbar gewesen, am Wochenende ein Weingut zu besuchen. Heute haben die meisten Winzer nicht nur am Samstag Weinverkauf, immer mehr öffnen sogar am Sonntag ihre Pforten. Und viele führen neben dem Weingut auch ein Restaurant oder bieten sogar Übernachtungsmöglichkeiten an.

Je nach Region sind die Strauß- oder Besenwirtschaften richtig Kult! In rustikaler, gemütlicher Umgebung werden hier die eigenen Tropfen ausgeschenkt und natürlich dürfen die regionalen Spezialitäten dazu nicht fehlen. Meist sitzen die Gäste so eng zusammen, dass neue Bekanntschaften garantiert sind. Es kann auch mal vorkommen, dass Sie musikalisch mit einstimmen müssen oder mit mindestens fünf neuen Witzen nach Hause gehen.

Lohnenswert ist es in jedem Fall, vor einer Wochenendplanung auf die Webseiten der jeweiligen Weingüter zu schauen. So manches Event bei den Winzern oder in der Region könnte Ihren Aufenthalt zu einem unvergesslichen Erlebnis machen …

Noch ein persönlicher Tipp von mir: Lassen Sie vor Antritt der Fahrt ein bissel Platz im Auto, damit Sie noch den einen und anderen guten Wein erwerben können!

Viel Freude und ein herzliches Cheers!

Ihre Natalie Lipp

ÖNOTOURISMUS

Das große Zauberwort: Önotourismus

Viele Weingüter haben sich in den letzten Jahren dahingehend verändert, dass sie inzwischen mehr und mehr die Kunden als Besucher auf ihren Weingütern empfangen. Sie investieren in schöne Vinotheken, die teilweise sogar samstags und sonntags geöffnet sind! Bis vor einigen Jahren war man solches nur von Weingütern wie beispielsweise in Südafrika, Kalifornien oder Neuseeland gewöhnt. Heute fühlt es sich auch bei uns schon fast selbstverständlich an. Wobei, es gibt natürlich noch Weinregionen, da sitzt man eher am Küchentisch des Winzers, wie vor 30 Jahren – und in anderen Regionen hat praktisch jedes Weingut mehr oder weniger eine Vinothek oder Weinprobierstube. Bestes Beispiel für den Önotourismus ist sicherlich die Pfalz! Auch wenn junge Weingüter nicht viel Geld investieren können, malen sie einfach eine Wand in Anthrazit oder Bordeauxrot an, hängen ein schönes Bild hin – oder einen Kronenlüster – und voilà: Es wirkt modern, sympathisch und einladend!

Neue Wege

Ich persönlich mag es auch sehr gerne, wenn man für sein „Tasting" etwas bezahlt. In aller Regel wird das Geld beim Kauf von Weinen wieder gutgeschrieben. Wenn man ein neues Weingut ausprobiert, kann es ja auch schon mal vorkommen, dass man einen anderen Weingeschmack hat. So kann man die Weinprobe als tolle Erfahrung verbuchen – und muss dabei kein schlechtes Gewissen haben. Oder man denkt bei einem schönen Abendessen noch mal über den Favoritenwein nach – und lässt sich diesen dann bequem nach Hause schicken.

Doppeltes Erlebnis

Ich bin immer ganz begeistert, wenn man auf einem Weingut zum Wein auch noch die passenden Speisen serviert bekommt! Die Gastgeber verstehen es natürlich, dabei ihre Weine optimal in Szene zu setzen. Und es ist kein Geheimnis: Wenn der Wein mit einem Gericht perfekt harmoniert, trinkt man sein Glas wirklich doppelt so gerne leer. Am besten legen Sie im Vorfeld fest, wer anschließend fahren muss.

BESENWIRTSCHAFTEN

Lustiges Beisammensein

In Württemberg spricht man vom Besen, in Baden von der Straußi und in Franken vom Buschenschank. Gemeint ist immer, dass Weingüter zu gewissen Zeiten kleine Gerichte und eigene Weine anbieten dürfen. Hätten Sie es gedacht – das Recht, selber und ohne Konzession auszuschenken, geht wohl auf das Jahr 791 zurück. Kein Geringerer als Karl der Große erließ ein Gesetz, dass die Winzer über einen kurzen Zeitraum ihre Weine direkt ausschenken durften. Es half zum einen, die Fässer rechtzeitig für die neue Ernte leer zu bekommen – oder auch, wenn eine Lieferung am Hof nicht angenommen wurde, ihn direkt zu verkaufen. Schon immer wurde ein Besen oder ein Kranz zum Zeichen hierfür aufgehängt.

Fröhliche Stimmung – ein Garant

Bis heute laden die Winzer teilweise auch mal in ihr Wohnzimmer oder in die Scheune ein. Während früher der Viehstall herhalten musste, haben heute die meisten Weingüter eine hierfür extra gebaute Räumlichkeit (die natürlich auch für andere Festivitäten genutzt werden kann). Gesetzlich geregelt ist, dass der Winzer höchstens 4 Monate für maximal 40 Sitzplätze öffnen darf. Entsprechend groß ist die Nachfrage. In aller Regel sitzt man eng mit anderen Gästen zusammen – ein Kennenlernen ist garantiert. Zu einem ganz besonderen Erlebnis wird es, wenn mancher Gastgeber selber musiziert – beispielweise mit seiner „Quetschkommode" oder Gitarre. Andere wiederum versorgen ihre Kunden mit den neuesten Witzen etc.

Besenkalender

Da die Öffnungszeiten von Weingut zu Weingut völlig unterschiedlich sind, empfiehlt es sich in jedem Fall, sich im Internet zu informieren, beispielswiese bei **www.besentermine.de** oder **www.straussen- kalender.de** oder **www.mosel-Strausswirtschaften.de** oder **www.urlaub-in-Rheinland pfalz.de**.

ZUKUNFTSWEINE ERFREUEN SICH IMMER GRÖSSERER BELIEBTHEIT

Unter „Zukunftsweinen" versteht man Weine aus neuen, pilzwiderstandsfähigen Rebsorten. Diese sind so gezüchtet, dass die Reben nicht mehr oder fast nicht mehr gegen echten und falschen Mehltau gespritzt werden müssen. Vor allem für den ökologischen Weinbau ein ganz super interessantes Thema! Aber auch in schwer zugänglichen Lagen und Steillagen wissen die Winzer diese Vorteile mehr als zu schätzen.

Neue Namen

Ein bisschen schwer tun sich Verbraucher und vor allem der Handel mit den Namen der neuen Rebsorten. Helios, Johanniter oder Solaris – damit weiß kaum einer umzugehen. Die neuesten PIWIs – Pilzwiderstandsfähige Rebsorten – heißen Cabernet Blanc, Souvignier Gris oder Sauvitage. Mit der Ähnlichkeit zu den bekannten internationalen Moderebsorten erfreuen sich diese schon größerer Akzeptanz. Persönlich finde ich diese neuen Rebsorten sehr spannend für Cuvées mit pfiffigen Namen oder auch im Roséweinbereich, da braucht es gar nicht die Rebsorte auf dem Etikett.

Ansprechende Etiketten

Die beiden Vorzeigewinzerinnen Dr. Eva Vollmer und Hanneke Schönhals halten den Begriff „Pilzwiderstandsfähige Rebsorten" für sehr sperrig. Als Lösung haben sie eine Zukunftsweine GmbH gegründet – eine Bewegung für mehr Nachhaltigkeit im Weinbau. Als „i-Tüpfelchen" haben sie ein modernes und pfiffiges Etikett mit eigenem Logo entwickelt, das jeder Winzer verwenden darf – auch in abgewandelter Form oder in unterschiedlicher Farbgestaltung. Das Bestechende an diesem Etikett ist eine gute Erklärung der Zukunftsweine sowie ein QR-Code für ausführlichere Informationen.

ALKOHOLFREIE WEINE – PERFEKT FÜR DEN AUTOFAHRER!

So wirklich tolle Qualitäten waren in der Vergangenheit im alkoholfreien Bereich lange nicht selbstverständlich. In den letzten drei Jahren hat sich dies aber wirklich verändert! Beim Bier hat sich „alkoholfrei" schon vor Jahren etabliert. Es gilt sogar als isotonisch und wird gerne nach dem Sport empfohlen. Hoffentlich ist dies auch bald bei Wein der Fall! Die gute Nachricht ist jedoch, dass weltweit ein Trend zu alkoholfreien Weinen und zu alkoholfreien Sekten zu beobachten ist.

Vorteile

Im Gegensatz zum Traubensaft, der rund 180–200 Gramm Zucker pro Liter enthält, sind die alkoholfreien Weine trocken ausgebaut. Sie besitzen eine feine Säure, sind vielschichtig im Aroma und Geschmack – und müssen den Weinen mit Alkohol qualitativ nicht nachstehen. Früher wurde die Entalkoholisierung meist mittels der Spinning Cone Column (Schleuderkegelkolonne) durchgeführt. Diese Technologie kann den Wein in Alkohol, Aroma und Wasser aufteilen. Danach hat der Kellermeister die Möglichkeit, den Wein mit weniger Alkohol oder ganz ohne Alkohol wieder zusammenzuführen. Allerdings leidet auch die Qualität unter dieser Prozedur. Mittlerweile setzen die Winzer daher immer mehr auf Vakuumdestillation. Bei den modernen Anlagen haben sie die Möglichkeit, bei 27–30°C dem Wein den Alkohol zu entziehen. Ein Nachteil bedeutet für den Winzer, dass er einen Flüssigkeitsverlust bis zu 20% in Kauf nehmen muss. Schnell wird klar, dass der promillefreie Wein mit mehr technischem Aufwand und Mengenverlust preislich höher ausfallen muss.

Immer mehr Weingüter bieten alkoholfreie Weine an. Als Autofahrer kann man deshalb zum schönen Essen auch einen Sekt und ein Glas Wein ohne Reue genießen.

WIE VERKOSTE ICH WEIN RICHTIG?

Die schönste Art und Weise Weine kennenzulernen und zu verstehen, ist natürlich immer beim Winzer! Wenn man sieht, wo der Wein gewachsen ist, wie das Weingut aussieht und wie sich der Winzer gibt – dann versteht man einen Wein noch viel besser. Im Normalfall wird es zu einem wunderschönen Erlebnis.

Der Autofahrertipp

Auch wenn es im ersten Moment sehr ungewöhnlich klingt: Sie dürfen die Weine auch ausspucken. Beim ersten Mal fühlt es sich natürlich komisch an, einen Wein im Mund hin und her zu spülen, um ihn dann anschließend in einen Spucknapf zu befördern. Aber schnell gewöhnt man sich an das Prozedere, welches für die Fachleute ganz alltäglich ist.

Aber der Reihe nach … idealerweise halten Sie bei einer Weinverkostung Ihr Glas schräg gegen einen weißen Hintergrund, um die Farbe zu begutachten. Bei den Weißweinen spricht man ganz überwiegend von Strohfarben, zum Teil etwas blass, hell, kraftvoll oder dunkel, eventuell mit grünlichen Reflexen. Beim Rotwein unterscheidet man eher zwischen Kirsch, Ruby oder Granatrot mit blauen Reflexen oder schwarzem Kern.

Dann riechen Sie zuerst – ohne das Glas zu schwenken –, um die ersten Aromen wahrzunehmen. Dann schwenken Sie das Glas – die Oberfläche bricht auf und setzt noch viel mehr Aromen frei. Und jetzt kommen wir zum Wichtigsten: riecht der Wein fruchtig, floral, vegetal, balsamisch, erdig? Ohne Übung ist es natürlich schwierig, die verschiedenen Aromen in einem Wein zu erkennen. Das braucht Zeit! Wenn man nicht weiß, wie reife Kirschen, geröstete Moccabohnen oder grüne Paprika riecht, lässt es sich auch nur schwerlich im Wein wiederfinden. Deshalb mein Tipp: Riechen Sie bei jeder Gelegenheit, ob beim Einkaufen, Kochen oder Spazierengehen wieder bewusst. Es ist reines Training … Wenn Sie jetzt noch fragen, ob diese Aromen auch wirklich im Wein zu finden sind – aber ja! Es gibt heutzutage natürlich Computer – die Gaschromatografen. Diese können die verschiedenen Aromen im Wein analysieren und entsprechend zuordnen. Wenn der Computer in einem Wein beispielsweise Methoxypyrazine erkennt, weiß man, es ist das Aroma von grüner Paprika. Letzteres ist ganz typisch für Sauvignon, bei Weißwein ist es dann sicherlich ein Sauvignon Blanc, beim Rotwein ein Cabernet Sauvignon. Sie merken, anhand der Aromatik lässt sich auch oft die Rebsorte erkennen.

Übung macht den Meister

Zum Trainieren kann ich Ihnen ein sogenanntes Aromarad empfehlen. Eine Scheibe, (die man sich im Internet herunterladen oder bestellen kann), auf der die verschiedenen Aromen speziell für Weiß- und für Rotwein aufgeführt sind. Damit arbeitet man einen Wein seriell ab, beginnen Sie beispielsweise beim Weißwein zuerst mit den fruchtigen Aromen, dann blumige Düfte, pflanzlich, vegetal, würzig, karamellisiert, rauchig, mikrobiologisch … dann kommt der Geschmack. Für jede Kategorie werden verschiedene Aromen angezeigt, wie Äpfel, Birnen, Mirabellen, Himbeeren etc. Es hilft auch ein Ausschlussverfahren, man überlegt: Riecht der Wein nach exotischen Früchten? Nein, dann geht es zum nächsten Aroma …

Muss man einen Wein schlürfen?

Da wir auf der Zunge verschiedene und unterschiedlich sensible Stellen und Geschmackspapillen haben, ist es ganz wichtig, den Wein auf der Zunge mehrfach hin und her zu spülen. Am besten zieht man etwas Luft mit ein. Allerdings muss man nicht so laut schlürfen, wie es früher so viel praktiziert wurde ... Wenn Sie unsicher sind, ob der Wein viel Säure besitzt, achten Sie auf den Zungenrand, dort schmecken Sie vor allem die Säure. Wichtig ist natürlich: Wirkt der Wein im Mund eher dünn oder komplex? Und dann der Nachhall, wie lange spüren Sie den Wein noch nach dem Trinken? Je länger, desto höher die Qualität.

Alkohol als Geschmacksträger

Ganz klar schmecken die alkoholstarken Weine erst mal kräftiger. Alkohol ist ein Geschmacksträger, wie Fett beim Essen. Nach vielen Jahren Erfahrung zeichnet sich für mich heute ein sehr hochwertiger Wein aus, wenn man den Alkohol nicht herausschmeckt. Weine mit viel Extrakten und Mineralität verarbeiten den Alkohol wie ein Katalysator, entsprechend schmeckt man eher die Frucht des Weines. Fachleute sprechen auch gerne von einem guten „Trinkfluss“ – klingt das nicht wunderbar? Manchmal bewirkt der höhere Alkoholgehalt bei Weinen, die an sich trocken ausgebaut sind, eine gefühlte Süße (oder in der Wahrnehmung süßeren Geschmack).

TIPP In aller Regel möchten die Winzer gerne mehrere Weine zeigen. Nach dem vierten oder fünften Wein verliert man auch schon mal gerne den Überblick. Am besten schreiben Sie zu den Weinen eine Bewertung auf – vielleicht zwischen ein und drei Sternen? Ein Stern ist ein guter Wein, zwei Sternchen schon ein besonderer Wein und drei Sternchen der perfekte Tropfen!

FACHBEGRIFFE – ODER ANGEBERWISSEN …

Die Weinleute leben ja manchmal in ihrer eigenen Welt. Damit Sie alles verstehen und mithalten können, einige Begriffe erklärt:

Avinieren – ein Weinglas „weingrün" machen. Oft riechen unsere feinen Gläser nach Spülmittel, Schrank oder Karton. Das beste Mittel dagegen ist ein Schluck Wein im Glas, dann ist es aviniert. Es macht nichts, von einer Sorte zur anderen Sorte zu wechseln.
Mit Wasser spülen sehen die Fachleute nicht so gerne (es ist teilweise hoch mineralisiert). Somit ist es auch sinnvoll, verschiedene Weine immer aus dem gleichen Glas zu verkosten.

„Böckser" – klingt nicht nur furchtbar, sondern beschreibt auch noch den Geruch von faulen Eiern. Hierbei handelt es sich um eine Schwefelwasserstoffverbindung, also H_2S, die während der Gärung entstehen kann. Die Fachleute stören sich oft nicht daran, meist verschwindet dieser Geruch mit der Reifung des Weines oder wenn man den Weinen viel Luft gibt.

BSA - Biologischer Säureabbau – bedeutet das Gleiche wie Malolaktischer Säureabbau („Malo"). Bitte niemals mit BSE verwechseln …

Chambrieren – bedeutet, einen Wein zu erwärmen, vorzugsweise beim Rotwein. Bitte nicht in der Mikrowelle. Stellen Sie am besten Ihre Flasche oder Karaffe in ein Behältnis mit warmem Wasser.

Dekantieren – Früher wurden die Weine viel öfter dekantiert als heute – das heißt in eine Karaffe umgefüllt. Allerdings hatte man damals die Weine über viele Jahre im Keller reifen lassen. (Heute werden hauptsächlich Konsumweine gekauft, die schon jung getrunken werden.) Um sie vom Depot zu trennen, gießt man sie vorsichtig über einer Lichtquelle in eine Karaffe. Wenn Sie den Flaschenhals über die Lichtquelle halten, sehen Sie, wie ganz zum Schluss das schwere Depot kommt. Dann stoppt man den Vorgang – und voilà, in der Karaffe ist nur der klare Wein!

Karaffieren – Wenn ein Wein (Weiß- wie Rotwein) noch sehr jung ist, füllt man diesen am besten schwungvoll in eine Karaffe mit einem breiten Boden. Durch das Umschütten reichert sich der Wein schon mit viel Sauerstoff an, was eine Oxidation, eine Reifung bewirkt. Den gleichen Effekt haben Sie auch, wenn der Wein in der Karaffe eine große Oberfläche hat, dann nimmt er ebenfalls mehr Sauerstoff auf.

„Kellnermesser" – Weinöffner gibt es in ganz unterschiedlichen Formen und Ausführungen. Das Kellnermesser ist recht handlich. Mit dem kleinen Messer lässt sich die Kapsel abschneiden, dann klappt man es auf und kann das Gewinde (in der Fachsprache auch Seele genannt) in den Korken drehen. Dann setzt man den kleineren Teil auf und zieht vorsichtig den Korken raus.

„Malo"– steht für einen Malolaktischen Säureabbau. In einem Wein sind verschiedene Säuren enthalten, von Weinsäure über Zitronensäure, Bernsteinsäure oder Apfelsäure. Letztere wirkt etwas resch – macht einen kleinen Mund … Die Winzer wandeln mittels Milchsäurebakterien gerne die kernige Apfelsäure in die weiche und cremige Milchsäure um. Vor allem beim Barriqueausbau bewährt es sich immer wieder.

Organoleptik – geschmackliche Prüfung durch Sinnesorgane. Wenn beispielsweise ein Wein ohne Hilfsmittel bewertet wird, spricht man von einer organoleptischen Prüfung.

Polymerisation – Rotweine, die für eine längere Reifezeit gedacht sind, müssen natürlich mehr Substanz und Extrakte haben. Im Laufe der Jahre findet bei den Rotweinen eine Polymerisation statt. Die Tannine im Wein (aus Schalen, Stielen und Kernen) verbinden sich, werden somit schwerer und setzen sich ab. Es schaut ein bisschen wie Kaffeesatz aus.

Screwpull-Korkenzieher – Weinöffner in verschiedenen Ausführungen von der namensgebenden Firma.

„Sponti" - Spontangärung – Ganz überwiegend geben die Winzer heute Reinzuchthefen zum Vergären des Mostes hinzu. Die Gärung läuft dann zügig und kontrolliert durch. Wenn keine Reinzuchthefen hinzugegeben werden, spricht man von der Spontangärung. Das war früher gang und gäbe … Normalerweise sitzen auf den Traubenschalen natürliche Hefen (wenn nicht zu viel Spritzmittel zum Einsatz kamen), die den Wein vergären können. Allerdings funktioniert es bei manchen Rebsorten besser, bei anderen weniger gut. Wenn ein Wein im Winter mit 50 Gramm Restzucker aufhört zu gären, kann der Winzer schon sehr nervös werden … Manchmal geht eine Spontangärung bis zu einem Jahr, da braucht es echt gute Nerven. Diese Weine sind meist sehr charaktervoll und auch länger haltbar.

TCA - Trichloranisol – schon in geringem Vorkommen riech- und schmeckbar, verursacht es den unbeliebten Korkschmecker. Letzterer erinnert im Geruch und Geschmack an alte Walnüsse …

WEINLAGERUNG

Wenn man schon mal zu einem Winzer persönlich hinfährt, bleibt es beim Weineinkauf häufig nicht bei nur einer Flasche. Hierzu meine Tipps zur Lagerung: Leichte Weine für den täglichen Konsum sollen in aller Regel so jung wie möglich getrunken werden – sprich in ein bis zwei Jahren. Bestimmte Weinsorten, wie Riesling und Chardonnay, und vor allem kraftvolle Rotweine im Barrique gereift, eignen sich eher für längere Reifung. Weine mit Korken verschlossen müssen immer liegend gelagert werden, sodass der Korken nicht austrocknet. Bei Weinen mit Drehverschluss können Sie die Weine auch genauso gut stehend lagern.

Wissenschaftlich erwiesen ist, dass bei einer gleichmäßigen Temperatur von 12 °C die Weine am langsamsten reifen. Je wärmer der Lagerort ist, desto schneller geht es. Große Temperaturschwankungen lassen den Wein generell schneller kippen. Am meisten leidet er jedoch, wenn er starken Lichtquellen ausgesetzt ist. Ideal ist natürlich ein echter Keller – kühl und ohne Fremdgerüche.

Weintemperier- und Weinlagerschrank

Viele Hersteller haben sich in den letzten Jahren auf diese Weinlagerschränke spezialisiert, und das aus gutem Grund. Immer weniger Weingenießer besitzen heute noch einen kühlen, dunklen Keller ohne Gerüche. Die Weinlagerschränke können Sie auf ihre gewünschte Temperatur einstellen – im besten Fall also auf 12 °C.

Die Weintemperierschränke hingegen zeichnet aus, dass sie mehrere Klimazonen besitzen. So lassen sich beispielsweise Champagner, Weiß- und Rotweine bei verschiedenen Trinktemperaturen lagern. Eine Besonderheit ist auch die konstante Temperatur im Gegensatz zum herkömmlichen Haushaltskühlschrank, der bis zu sieben Varianzen in der Stunde haben kann.

Je nach Geschmack gibt es diese Temperierschränke in ganz unterschiedlichen Größen, ob als Einbau in der Küche oder als frei stehender Schrank.

WEINVERSCHLÜSSE

Ich oute mich gleich: Ich bin der größte Fan von Drehverschlüssen! Qualitativ sind sie aus meiner Sicht das Allerbeste! Im Verschluss selber ist eine Zinnfolie, sodass der Wein mit keinerlei Fremdstoffen in Berührung kommt. Die Weine schmecken immer gleich, halten sich länger frisch und fruchtig und sie brauchen weniger Schwefel. Leider haftet den Drehverschlüssen oft noch das „Billigimage" an. Dabei haben wir mittlerweile jahrzehntelange Erfahrungen – vor allem in der Schweiz haben sie schon früh konsequent auf die Schraubverschlüsse umgestellt. Nur gut, dass sehr hochwertige und teure Weine mit Drehverschlüssen versehen werden, so bekommen diese Verschlüsse auch allgemeine Akzeptanz.

Korken

Meine Erfahrung ist, dass vor allem Männer gerne an den Korkverschlüssen festhalten, sie erzählen dabei immer von der Tradition. Aber auch Traditionen ändern sich. Der Korken als Naturprodukt kann sich ganz unterschiedlich entwickeln und auch den Wein beeinflussen. Grundsätzlich muss aber gesagt sein, dass die Qualität der Korken sich in den letzten Jahren enorm verbessert hat. Im Moment schwören viele Weingüter auf die DIAM-Korken. Obwohl es sich um Presskorken handelt, überzeugen sie mit ihrer hohen Qualität. Mittels einer speziellen Behandlung haben sie weniger Probleme mit dem gefürchteten Korkschmecker und bieten den Winzern sogar eine mehrjährige Garantie an. Grundsätzlich gilt: je länger der Korken, desto besser ist die Qualität – und desto höher leider auch der Preis ...

Stainless Cap

Man sieht sie nur selten, aber vielleicht werden sie in der Zukunft mehr eingesetzt. Bei den Stainless Caps sprechen wir von Kronkorken aus rostfreiem Edelstahl. Die Reifung des Weins ist hier vergleichbar mit der Verwendung des Drehverschlusses. Nach mehreren Jahren Reifung überzeugen sie mit ihrer sehr klaren Art, fruchtig ohne Fremdgerüche. Über den Kronkorken kommt die Kapsel, sodass man ihn von außen gar nicht erkennen kann. Beim Entfernen der Kapsel sorgt der Kronkorken schon mal für einen Aha-Effekt!

Glasstopfen

Sie sehen auf alle Fälle edel aus! Man kann die Flaschen ohne Hilfsmittel mühelos öffnen und mit dem Glaskorken können Sie die Flasche wieder verschließen. Ich bin skeptisch, ob sich die Glasstopfen wirklich durchsetzen werden. Als Dichtung brauchen die Glasverschlüsse einen Kunststoffring, welcher für eine lange Reifung nicht der Favorit ist.

WIE BEWAHRT MAN EINE GEÖFFNETE FLASCHE AM BESTEN AUF?

Wenn eine Flasche Wein nicht gleich leer wird, gibt es ein paar Tipps, die Sie beachten sollten. Bewahren Sie angebrochene Flaschen immer kühl auf – auch Rotweine.

Angebrochene leichte Alltagsweine halten sich in der Regel zwei Tage. Barrique gereifte Weine können gut bis zu fünf Tage aufbewahrt werden. Wobei es davon abhängt, wie viel in der Flasche fehlt. Wenn nur ein oder zwei Gläser aus der Flasche getrunken wurden, lässt sie sich ohne Probleme im Kühlschrank aufbewahren. Sollte hingegen nur noch ein kleiner Schluck übrig sein, dann ist es besser, die Flasche ganz auszutrinken. Je mehr Luft in einer Flasche ist, desto mehr Oxidation findet statt – sprich Reifung. Gleiches gilt übrigens für Brände, wenn nur noch eine kleine „Pfütze" in der Flasche ist, trinken Sie diese lieber aus. Weinreste lassen sich auch hervorragend einfrieren. Beim Kochen benutze ich immer gerne solche eingefrorenen Weinwürfel. Sie bieten sich als „i-Tüpfelchen" für die Weinschorle oder zum Glas Wasser an.

Vorteilhaft sind natürlich auch Vakuumpumpen, denn je weniger Sauerstoff in der Flasche ist, desto länger bleibt der Wein frisch.

Eine größere Investition – aber durchaus lohnenswert – ist ein „Coravin", ein sogenannter Nadelausgießer. Mit einer Nadel sticht man durch den Korken und kann so eine beliebige Menge ausschenken, ohne die Flasche zu öffnen. Gleichzeitig wird der Wein mit Argon-Gas vor der Oxidation geschützt.

Was steckt hinter dem Traubenadler?

Ohne Übertreibung kann man sagen, dass es für einen deutschen Winzer der größte Ritterschlag ist, wenn er in den VDP – Verband Deutscher Prädikatsweingüter – aufgenommen wird. Die Vereinigung von rund 200 der besten Weingüter in Deutschland existiert bereits seit 1910. Man erkennt die Mitglieder an ihrem sogenannten Traubenadler (ein Adler mit Trauben im Bauch) auf der Kapsel der Weinflasche.

Der Verband der Deutschen Prädikatsweingüter setzt sich in den letzten Jahren enorm für die höchste Qualität der deutschen Weine ein und hat maßgeblich zu ihrem Renommée beigetragen.

Zudem war es ihm wichtig, die Toplagen mehr in den Fokus zu rücken – vergleichbar beispielsweise mit dem Burgund. So setzt er 2002 die erste Klassifikation mit Ersten und Großen Gewächsen um. Nach zehn Jahren Erfahrung gab es die heutige Erweiterung in vier Stufen:

VDP.Gutswein – der Wein für jeden Tag – oft unter 10 €

VDP.Ortswein – neben der Rebsorte steht auch der Ort auf dem Etikett – meist etwas über 10 €

VDP.Erste Lage – vergleichbar mit einem Premier Cru im Burgund – Weine mit Lagencharakter (besondere Qualität), die Weine eignen sich vor allem zum Essen.

VDP.Große Lage – entspricht einem Grand Cru (die höchste Qualität), es sind große Weine, nur aus den ganz typischen Rebsorten der Region, die als Begleiter zum Essen gedacht sind. Diese Weine haben auch ein hohes Reifepotenzial.

Insgesamt werden an VDP-Weine hohe Anforderungen gestellt, angefangen mit der umweltschonenden Bewirtschaftung, strengen Ertragsregulation über den Fokus auf die gebietstypischen Rebsorten bis hin zur Handlese bei höheren Qualitäten und vieles mehr. Die Weingüter können nicht selbstständig Mitglied werden, sondern nur durch das VDP-Gremium dazu berufen werden.

ÖKOLOGISCHER WEINBAU – SCHMECKBAR?

Ehrlich gesagt, lässt es sich bei einer Verkostung geschmacklich nicht feststellen, ob ein Wein konventionell oder ökologisch ausgebaut wurde. Allerdings haben die ökologischen beziehungsweise Bioweine in den letzten Jahren wirklich einen enormen Qualitätsschub erfahren. Bei Blindverkostungen gehen wir Fachleute davon aus, dass die hochwertigen Weine – mit Intensität und Länge – eher die Bioweine sind. Insgesamt nehmen die Bioweine bei nationalen und internationalen Verkostungen überproportional viele Siegerplätze ein. In den vergangenen zehn Jahren hat sich der Anteil der ökologisch bearbeiteten Flächen alleine in Deutschland mehr als verdreifacht! Ein Kollege schrieb, dass die 20 besten Weingüter in Deutschland inzwischen alle Bio-zertifiziert sind. Für mich wäre es schwierig zu sagen, welches die 20 besten Weingüter sind, aber in der Tat arbeiten viele der deutschen Spitzenwinzern heute ökologisch. Die Winzer machen sich ja immer Gedanken, wie sie ihre Qualitäten noch etwas verbessern können – und so kommen viele am Ende dahin, dass weniger mehr ist. Entsprechend verzichten die Winzer beispielsweise auf künstliche Dünger und auf chemisch-synthetische Spritzmittel. Letzteres bedeutet, dass sie die Reben mit Kräutersud stärken – sowie mit Aufgüssen aus Fenchel, Brennnessel oder Schachtelhalm. Bei echtem oder falschem Mehltau können sie ihre Reben nur mit Backpulver, Schwefel oder Bordelaiser Brühe (mit Kupfer) behandeln. In schwierigeren Jahren, wenn es viel Niederschläge gibt, bedeutet dies einen größeren Aufwand, da die Anwendungen nur außen auf der Rebe aufgebracht und mit jedem Regenschauer wieder abgewaschen werden und danach wiederholt werden müssen.

Blühende Weinberge

Das „A und O“ ist für die Biowinzer natürlich der gesunde Weinberg. Für einen fruchtbaren Boden wünschen sich die Winzer ein reges Bodenleben mit beispielsweise möglichst vielen Regenwürmern. Eine Begrünung im Rebberg ist heute schon fast selbstverständlich. Besonderes Augenmerk legen die Winzer hierbei auf stickstoffbindende Pflanzen, wie Leguminosen, Kleearten, Lupinen und Sommerwicken. Diese können Stickstoff aus der Luft nehmen und als kleine Knöllchen an die Wurzeln heften …

Biodynamie – als Steigerung?

Manchmal ist es mit den verschiedenen Begriffen verwirrend – biologischer und ökologischer Weinbau ist aber grundsätzlich das Gleiche. Darüber hinaus arbeiten immer mehr Weingüter mit der biodynamischen Methode. Auch hier stehen die Stärkung der Reben und das intakte Bodenleben im Vordergrund. Im Gegensatz zum ökologischen Weinbau orientieren sie sich an den Lehren von Rudolf Steiner: Mondphasen werden berücksichtigt und Homöopathie findet hier Einzug. Hierfür wird Regenwasser über einen längeren Zeitraum gerührt, dynamisiert, dann mit homöopathischen Mengen von Baldrian, Kamille, Brennnessel, Quarz oder Kuhmist angereichert und über einzelne Parzellen ausgebracht. Viele dieser Winzer sind Mitglieder im Demeter-Verband.

SEKT & CO.

Noch immer sind die Deutschen Weltmeister im Konsum von Schaumweinen! Keine andere Nation trinkt so gerne die Prickler wie hierzulande. Dazu muss natürlich auch gesagt werden, dass die Deutschen oft günstige Marken im Discounter oder Supermarkt kaufen. Man staunt bei der Preisstruktur, wenn man bedenkt, dass bei jeder gekauften Flasche 1,02 € Sektsteuer an den Staat abgeführt wird. Welche übrigens 1902 von Kaiser Wilhelm II. eingeführt wurde, um damals seine Flotte zu finanzieren. Ausnahme sind die Secco oder Prosecco Frizzante. Da sie einen geringeren Kohlensäuregehalt haben, entfällt die Besteuerung.

Die Gretchenfrage lautet immer wieder: Kann der deutsche Winzersekt mit dem großen Vorbild, dem Champagner, mithalten? Ich sage Ja! Die Kellermeister nehmen für ihre Topsekte teilweise die gleichen Rebsorten wie in der Champagne und geben ihnen auch mehrere Jahre Zeit für den so wichtigen Kontakt mit Hefe. In Champagnerblindverkostungen werden heute immer öfters deutsche Winzersekte als „Piraten“ eingebaut und sie können durchaus sehr gut mithalten.

Ein neuer Trend – vor allem bei den ökologisch arbeitenden Winzern – ist der Pet Nat. Es ist die Abkürzung für Pétillant Naturel – ein „natürlicher Prickler“. Während normalerweise viel Aufwand betrieben wird, die verbliebene Hefe im Schaumwein mittels dem Rüttelpult zu trennen, bleibt beim Pet Nat die Hefe im Sekt. Sieht ein bisschen aus, wie bei einem Hefeweißbier ... Grundsätzlich ist die Hefe überhaupt nichts Negatives, ganz im Gegenteil, sie hält den Sekt jung und frisch, sodass kein Schwefel benötigt wird. Vor allem bei den ökologisch arbeitenden Winzern wird der Pet Nat sehr geschätzt!

PS: Die Witwe Veuve Clicquot erfand das Rüttelpult, weil sie einen klaren Champagner wollte – ohne Hefe. Sie sprach von den „Krötenaugen“ auf der Oberfläche ...

MOSEL
AHR
MITTELRHEIN
NAHE

A 602 A 565 A 573

A 571 A 61

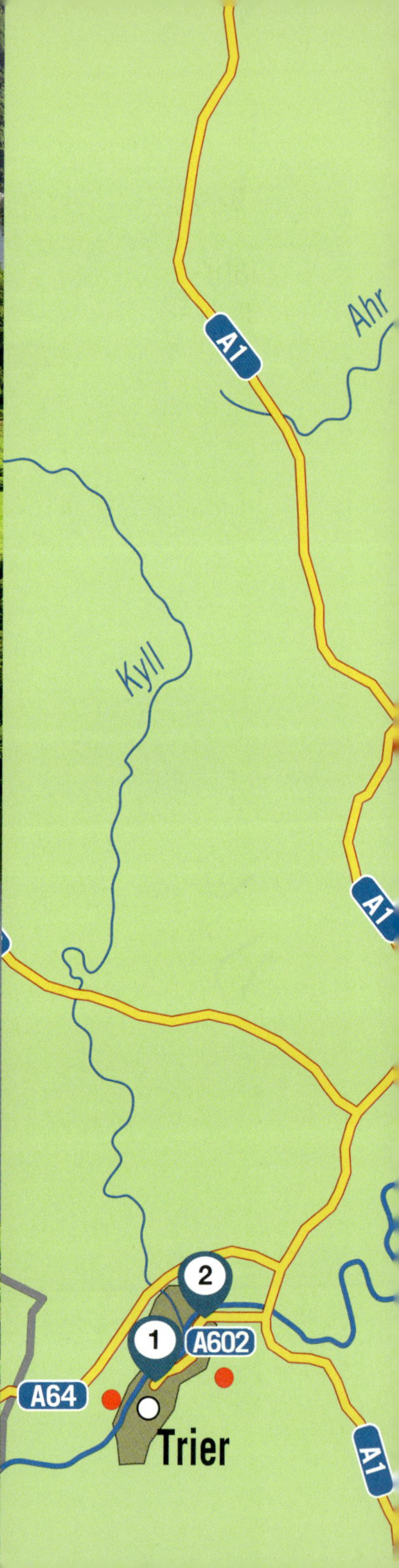

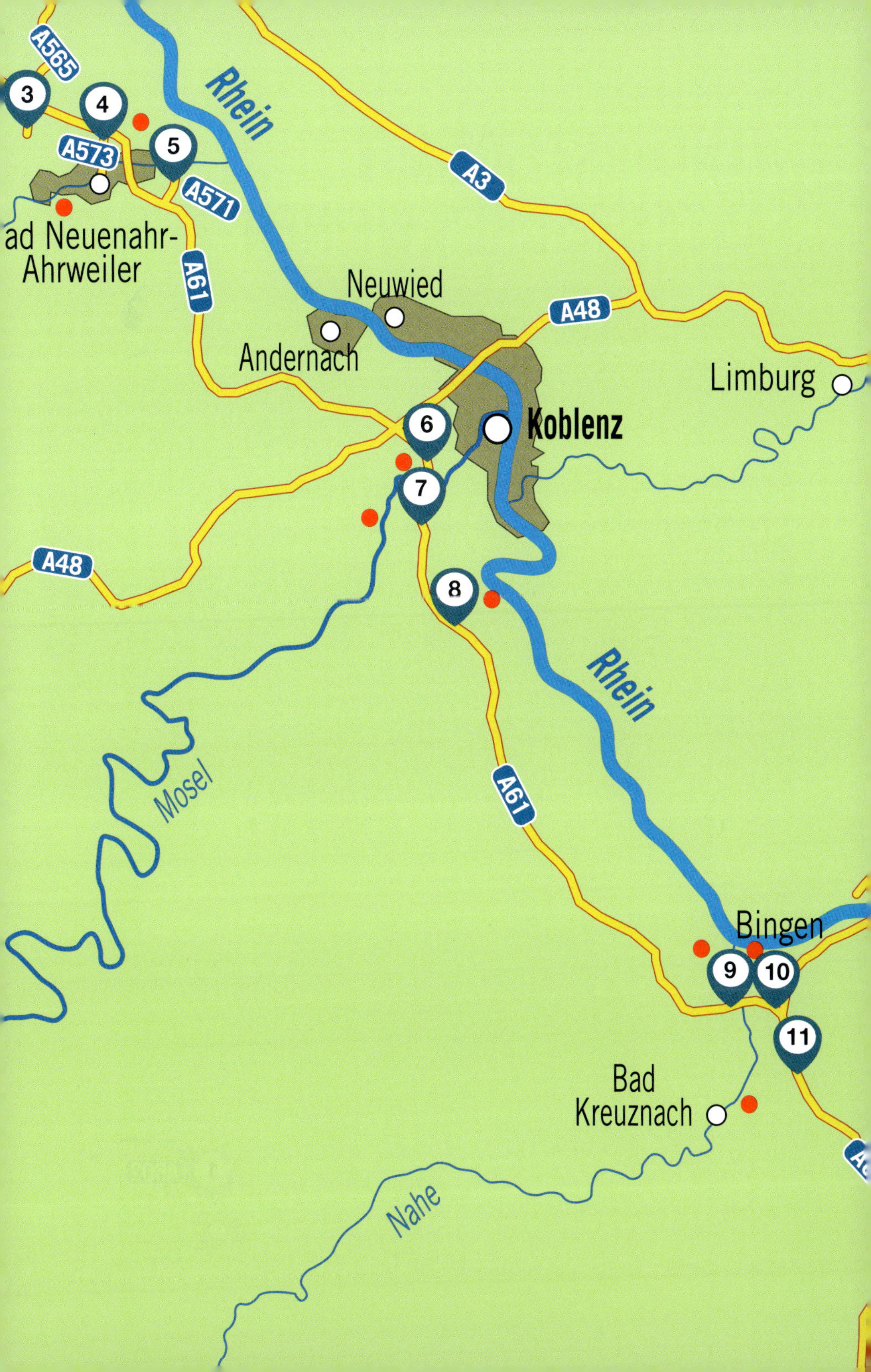
A565
3
4
5
A573
A571
Rhein
A3
ad Neuenahr-
Ahrweiler
A61
Neuwied
Andernach
A48
Limburg
Koblenz
6
7
A48
8
Rhein
Mosel
A61
Bingen
9
10
11
Bad
Kreuznach
Nahe

WANDERSTEIGE MIT FANTASTISCHEN WEINEN

Gehört zu den eindrucksvollsten Weinlandschaften der Welt – die Mosel.

Mosel

... auf zu eigenen Entdeckungen im Hinterland. Im Gegensatz zu anderen Regionen sind an der Mosel viele gute Weingüter noch nicht so recht auf Touristen eingestellt. Es ist deshalb sinnvoll, sich vorher telefonisch anzumelden.

Ahr

Das nur 30 Kilometer lange Weingebiet mit seinen ehemals 520 Hektar ist vor allem für seine hervorragenden Rotweine bekannt. Anfangs habe ich mich gewundert, dass ausgerechnet in dieser nördlicheren und entsprechend kühleren Weinregion so viel Rotwein angebaut wird, denn Rotwein bevorzugt ja eher ein wärmeres Klima. Ich bin dem Geheimnis aber auf die Spur gekommen: Die Reben gedeihen an den Steilhängen auf Schiefer, der tagsüber besonders viel Sonnenwärme aufnimmt und in der Nacht wieder abgibt.

Alte Burgen und feine Weine – ein Stopp in Bacharach (Mittelrhein) ist Urlaub pur.

Leider ist allen noch die schlimme Hochwasserkatastrophe von Juli 2021 im Gedächtnis. Rund 10% der Rebflächen wurden dabei zerstört oder stark beschädigt. Die Weingüter selbst wurden größtenteils dramatisch in Mitleidenschaft gezogen und müssen daher wieder neu aufgebaut werden. Deshalb sind noch nicht alle Weingüter für Besucher geöffnet. Aber haben Sie keine Sorge – die Winzer freuen sich, wenn Sie sie mit einem Besuch unterstützen.

Sollten Sie bei Ihrem Besuch ein bisschen Zeit haben, besuchen Sie unbedingt den Ahrsteig und laufen Sie den Rotweinwanderweg ab. Ein Traum!

Mittelrhein

Mit insgesamt nur 450 Hektar Rebfläche (manche internationale Weingüter haben alleine schon mehr als die doppelte Rebflächengröße) gehört der Mittelrhein zu den kleinsten Weinregionen in Deutschland. Aber bitte unterschätzen Sie die Region nicht. Zauberhaft liegen die alten Weinstädte wie Bacharach oder Boppard direkt am Rhein und es gibt obendrein jede Menge imposante Burgen zu besichtigen. Für einen Besuch auf den Weingütern sollte man sich, wie an der Mosel, am besten vorher anmelden.

Nahe

Weintechnisch ist die Region noch sehr unterschätzt – dabei gehören Nahe-Rieslinge zu den besten der Welt. Doch es gibt hier nicht nur Riesling: Liebhaber von Weiß-, Grau- oder Spätburgunder kommen ebenfalls voll auf ihre Kosten. Leckere Roséweine, frische Sauvignon blancs, wunderbare Bukettweine wie Muskateller und Gewürztraminer – es gibt hier einfach alles. Kulinarisch machen die kleinen, feinen Restaurants und die wunderbaren Weinstuben viel Freude.

A 602 Trier Verteilerkreis

BISCHÖFLICHE WEINGÜTER

30 000 Quadratmeter unter der Stadt

Die Bischöflichen Weingüter Trier sind eigentlich schon Kult. Durch den Zusammenschluss von drei bedeutenden Gütern, dem Bischöflichen Konvikt (gegründet 1840), dem Bischöflichen Priesterseminar (gegründet 1773) und der Hohen Domkirche (gegründet 1851) ist im Jahr 1966 ein Betrieb mit Weinbergen in absoluten Spitzenlagen entstanden. Entsprechend verfügen die Bischöflichen Weingüter heute über stattliche 98 Hektar Rebflächen (zusammen mit dem ebenfalls zum Besitz gehörenden Zweitweingut Friedrich-Wilhelm-Gymnasium sind es sogar 130 Hektar). Also musste ein passender Weinkeller gefunden werden. Der liegt unter der Trierer Innenstadt und ist so groß, dass Güterdirektorin Dipl.-Ing. Julia Lübcke und Kellermeister Johannes Becker sich dort unten aufs Fahrrad schwingen. 30 000 unvorstellbare Quadratmeter Fläche in Gewölben, die – zumindest in Teilen – bis auf das siebte Jahrhundert zurückgehen. Ich kann Ihnen unbedingt empfehlen, eine der Kellerführungen mitzumachen – natürlich mit anschließender Weinprobe.

5,4 km | 9 Min.

**Gervasiusstraße 1, 54290 Trier,
Tel. 0651 145760, E-Mail: info@bischoeflicheweingueter.de,
www.bischoeflicheweingueter.de.**

Die Weine €€

Probieren Sie auch mal Weine mit etwas Restsüße – feinherb oder fruchtig. Sie werden überrascht sein, wie leicht und köstlich diese sind. Das Sortiment ist super spannend und bietet wirklich für jeden Weinliebhaber etwas Passendes. Ob aus der modernen DOM-Kollektion, aus dem klassischen Friedrich-Wilhelm-Gymnasium, Großen Gewächsen oder gereiften Weinen. Bei den Bischöflichen Weingütern haben Sie die Möglichkeit, auch noch gereifte zehn Jahre alte Rieslinge zu erwerben. Sie werden überrascht sein, wie viel Reifepotential die Rieslinge besitzen! Unter den Fachleuten gelten die älteren Rieslinge – teilweise aus der Mitte des letzten Jahrhunderts – als legendär!

Restaurant Weinhaus €

Genau gegenüber dem Geburtshaus von Karl Marx liegt das gemütliche, wie eine Bibliothek ausgestattete Weinbistro mit fantasievollem Speisenangebot und den besten Weinen von Mosel, Saar und Ruwer. Wenn Sie hier Wein kaufen, bekommen Sie alle Flaschen zum gleichen Preis wie direkt auf den Weingütern. Auch in der Gaststube zahlen Sie nur einen Aufschlag von 9,50 € pro Flasche. Also lohnt es sich, gleich ein Paket mit Tropfen verschiedener Erzeuger zu schnüren – wer klappert schon sechs verschiedene Winzer ab, wenn er alles auf einen Streich bekommen kann? *Hauptgerichte ab etwa 12 €.*

4,8 km | 9 Min.

Brückenstraße 7, 54290 Trier,
Tel. 0651 1704924, E-Mail: info@weinhaus-trier.de,
www.weinhaus-trier.de.

Becker's Hotel & Restaurant €€€

In der immer sehenswerten Traditionsstadt Trier erwartet man auf Anhieb nicht so ein modernes Designhotel. Die Zimmer sind in einer klaren modernen Stilistik – ansprechend und zum Wohlfühlen. Die Zimmerkategorien reichen von Doppel Superior mit 25 Quadratmetern über Juniorsuite mit 40 Quadratmetern bis hin zum „Becker's best" mit poppigem Design und Whirlpool-Wanne …

Bestechend ist natürlich, dass Christine und Wolfgang Becker neben ihrem Gourmet-Restaurant auch eine hervorragende Küche im traditionellen Weinhaus anbieten. Die Kenner wissen das Mittagsmenü zu schätzen, bei dem auch schon mal ein Kalbskopf zur Auswahl auf der Karte steht. Das „i-Tüpfelchen" sind dann noch ihre exzellenten eigenen Weine, wie es sich für die Region gehört mit Schwerpunkt auf frischen Rieslingen, eleganten weißen und samtigen roten Burgundern.

7,6 km | 13 Min.

Olewiger Straße 206, 54295 Trier,
Tel. 0651 938080, E-Mail: info@beckers-trier.de,
www.beckers-trier.de.

A 602 Ausfahrt Kenn

KARTHÄUSERHOF

Der Klassiker – neu inspiriert

Albert P. Behler führt das legendäre Rieslingweingut heute in der siebten Generation. Mit dem Geschäftsführer Christoph Horbach, dem technischen Direktor Mathieu Kaufmann und dem Betriebsleiter Dominik Völk will er an frühere Erfolge anknüpfen. Die Ursprünge des Weinguts lassen sich bis ins Jahr 1335 zurückverfolgen. Damals erhielten Karthäusermönche den Besitz von Kurfürst Balduin von Luxemburg als Geschenk. Zur Zeit der Säkularisation wurde das Weingut an die heutige Besitzerfamilie versteigert. Eine Ahnung vom historischen Glanz bekommt man bei Verkostungen in dem im Jahre 1895 eingerichteten Probierzimmer. Weithin berühmt ist das Weingut für seine wunderbar leichten, aber auch charaktervollen Rieslinge und seine ebenfalls exzellenten Weißburgunder. Die Flaschen vom Eitelsbacher Karthäuserhof erkennt man auf den ersten Blick, da sie statt des herkömmlichen Etiketts nur eine „Halsschleife“ tragen. Der rund 19 Hektar große Rebhang, im Seitental der Ruwer gelegen, ist als Monopollage im Alleinbesitz des Weinguts. Dort herrscht ein ganz besonderes Mikroklima.

6,3 km | 9 Min.

Karthäuserhof 1, 54292 Trier,
Tel. 0651 5121, E-Mail: mail@karthaeuserhof.com,
www.karthaeuserhof.com.

Die Weine €€

Kaum ein anderer Kellermeister versteht es, so kompromisslos Riesling auszubauen, wie der gebürtige Elsässer Mathieu Kaufmann. Die Weine strahlen mit ihrer frischen lebendigen Säure und schlanken vitalen Art. Sie sind vielschichtig und fruchtig und erinnern im Duft an frische Kräuter. Mit ihrer tiefgründigen Art bleiben sie lang im Nachhall. Mein Favorit: der trockene *Riesling aus alten Reben*. Er ist unglaublich konzentriert, erinnert an Minze und Eukalyptus und ist so saftig, dass er Appetit auf mehr macht. Oder der *Schieferkristall trocken* mit nicht mal 11% Alkohol. Sein Duft erinnert an Ananas und lässt einem das Wasser im Mund zusammenlaufen.

Weinstube Kesselstatt €

Wenn Weingut und Gastwirtschaft zusammentreffen, dann macht es gleich doppelt so viel Spaß. 1989 hat Familie Dilgers den alteingesessenen Gutsausschank inmitten der Altstadt übernommen. Es ist immer urgemütlich, ob im Restaurant an der alten Weinpresse oder im Sommer draußen im Schatten des Doms. Im offenen Ausschank werden sage und schreibe 15 verschiedene Weine vom Palais Kesselstatt angeboten. Dazu können Sie an der Theke unkomplizierte Gerichte ordern, wie geräuchertes Forellen- oder Lachsfilet, eifeler Wildschweinschinken, Saargauer Bauernkäse oder alles mit Bratkartoffeln – vom Matjesfilet über Sülze, Leberwurst bis zur beliebten Lyoner. Sehenswert ist auch der historisch mystisch anmutende Keller der Weinstube – tief unter der Stadt Trier. Dort lassen sich eindrucksvolle Verkostungen planen.

10,3 km | 13 Min.

Liebfrauenstraße 10, 54290 Trier,
Tel. 0651 41178, E-Mail: info@weinstube-kesselstatt.de,
www.weinstube-kesselstatt.de.

Hotel und Restaurant Weingut Weis €€

Das 4-Sterne-Hotel im Ruwertal ist ein idealer Ausgangspunkt zum Wandern, Radfahren und für Ausflüge zu den renommierten Weingütern. Die hellen, hübsch gestalteten Zimmer sind mit Weinnamen versehen, wie Grünhäuser, Herrenberg oder Maximiner. Gleiches gilt auch für den Wellnessbereich Riesling Spa. Neben der Gutsweinstube ist das Restaurant VINUM sehr beliebt. Eine tolle Ergänzung ist das Ruwer-Riesling-Arrangement, mit zwei Übernachtungen, einem 3-Gänge-Menü am ersten Abend und einem 5-Gänge-5-Weine-Degustationsmenü am zweiten Abend. Kenner schätzen die Gastgeberfamilie Weis auch für ihre sehr guten Weine vom eigenen Weingut Erben von Beulwitz. *Doppelzimmer mit Frühstück ab 139 €.*

5,6 km | 7 Min.

Eitelsbacher Weg 4, 54318 Mertesdorf, Tel. 0651 95610,
E-Mail: info@hotel-weis.de, www.hotel-weis.de.

A 565 Ausfahrt Gelsdorf

WEINGUT SERMANN

Die feinsten roten Burgunderweine

Die Ahr steht natürlich für Spät- und Frühburgunder. Letzterer wird schon zwei Wochen früher reif und die Weine schmecken manchmal noch etwas beeriger als der Spätburgunder. Aber beide Sorten bringen wunderbar elegante und subtile Rotweine hervor. 1995 übernahm der quirlige Klaus Sermann das Weingut und brachte den Betrieb innerhalb weniger Jahre an die Spitze der Ahr. Mittlerweile ist sein Sohn Lukas Dreh- und Angelpunkt des Weinguts. Lukas hat nach seinem Weinbau- und Önologiestudium noch weitere zwei Jahre internationale Weinwirtschaft studiert. In den letzten Jahren hat er seinen Fokus vor allem auf Riesling und Spätburgunder ausgerichtet. So hat Lukas gerade in ihrem Hausberg Altenahrer Eck neue Pflanzungen mit typischen alten Ahrklonen „Kaastenholz" gemacht. Rund 80% ihrer Reben stehen in Steillagen – und bedeuten somit einen vielfach höheren Aufwand als in einer flachen Lage. Stolz erzählt der dynamische Winzer, dass viele Freunde und Bekannte in den Steillagen mitarbeiten! Kaum ein anderes Weingut hat solche Pfründe, wie sieben Lagen für Große Gewächse. Und dann bekommen Sie zu den großen Weinen auch noch das passende Gericht! Viele kennen noch den hübschen Gutsausschank mit der Küche von Lukas' Mutter. Nach der Flutkatastrophe musste auch Familie Sermann alles wieder neu aufbauen. Sie haben eine Gastwirtschaft mit dem

Namen Thüris (war der Spitzname vom Großvater und Weingutsgründer Theo) geschaffen. Dort werden Sie heute umsorgt vom Gastro-Vollpaket Robert Bösel. Der noch junge Vollblutgastronom hat eine Koch- und Sommelierausbildung. Für alle, die ein bisschen länger bleiben wollen, stehen vier Gästezimmer zur Verfügung.

11,5 km | 13 Min.

Seilbahnstraße 22, 53505 Altenahr,
Tel. 02643 7105, E-Mail: info@sermann.de,
www.sermann.de.

Die Weine €€

Neben ihren besonderen Rieslingen auf Schiefer gewachsen und einem wurzelechten Riesling gibt es natürlich auch Burgundersorten oder den beliebten Blanc de Noir. Die sehr feinen Früh- und Spätburgunder gehören zu den besten der Region! Lukas versteht es, diese Weine mit dem Einsatz von Holzfässern zu perfektionieren.

Hotel Ruland €€

Dieses 3-Sterne-Hotel im Zentrum von Altenahr wird schon seit 1870 als Familienbetrieb geführt. Im Stammhaus wie im Brunnenhaus nächtigen Sie in gemütlichen, hellen, modern und großzügig ausgestatteten Zimmern – zum Teil mit Balkon und Aussicht auf die Ahr und die umliegenden Weinberge. Die Besitzerfamilie und die übrigen Mitarbeiter begleiten Sie mit einem sehr aufmerksamen und freundlichen Service. Sie vermitteln auch gerne eine Weinprobe, eine Weinbergführung oder empfehlen Wanderungen am Ahrsteig oder auf dem Rotweinwanderweg. *Doppelzimmer ab 119 €.*

12,8 km | 12 Min.

Brückenstraße 6, 53505 Altenahr,
Tel. 02643 8318, E-Mail: info@hotel-ruland.de,
www.hotel-ruland.de.

FÜR ENTDECKER Hier lohnt es sich, die Wanderstiefel zu schnüren: In Altenahr endet der in vier Etappen gegliederte Ahrsteig. Gerade das letzte Teilstück ist sehr reizvoll und man kann völlig in die Abgeschiedenheit der Natur eintauchen.

4

A 573 Ausfahrt Bad Neuenahr-Ahrweiler

WEINGUT PETER KRIECHEL

Dieser Spätburgunder rockt

Beim Weingut Peter Kriechel merken Sie auf der Stelle, dass hier junge Leute wirklich großen Spaß haben! Peter Kriechel arbeitet mit Bruder Michael und Senior Ernst und einem engagierten Team sehr innovativ und erfolgreich zusammen. Richtig Laune machen die Veranstaltungen auf dem Weingut, wie zum Beispiel die jährlich im Spätherbst stattfindende Rock-Folk-Party „Vinolution" oder die individuellen Picknicks im familieneigenen Olivenhain mit traumhaft schöner Aussicht oberhalb in den Weinbergen. Auch der Weinstand, den Kriechels jedes Jahr von Mitte August bis November auf dem Wanderparkplatz oberhalb des Hotels Hohenzollern errichten, gehört schon seit mehreren Jahren zu den Highlights des Rotweinwanderwegs. Was damals im Jahr 1952 im Kleinformat mit 1,5 Hektar begann, ist heute mit stattlichen 29,5 Hektar das größte Privatweingut an der Ahr. Unweit davon können Sie in den gemütlichen Ferienwohnungen des Guts nächtigen und Ihren Aufenthalt verlängern.

3,9 km | 4 Min.

Walporzheimer Straße 83–85, 53474 Bad Neuenahr-Ahrweiler, Tel. 02641 36193, E-Mail: info@weingut-kriechel.de, www.weingut-kriechel.de.

Die Weine €€

Echt schwer fällt die Wahl zwischen ihren exzellenten Früh- und Spätburgundern. Für Burgunderweine kommen sie erstaunlich dunkelfarben daher und sie wirken modern und zeitgemäß gearbeitet. Kriechels Rotweine zählen mittlerweile zu den besten in Deutschland (u.a. Sieger Deutscher Rotweinpreis 2013, 2016 und 2019, Seriensieger beim Ahrwein des Jahres, hohe Punktzahlen bei Falstaff und Vinum). Nicht mehr wegzudenken ist auch der beliebte Blanc de Noir, weißer Wein aus roten Trauben, ein herrlich frischer Spätburgunder nicht nur für laue Sommerabende. Einer meiner Favoriten ist der *Neuenahrer Sonnenberg Spätburgunder*, der typische Fruchtaromen, zum Beispiel Kirsche, widerspiegelt, sich dabei aber auch komplex und würzig entfaltet.

Brogsitters Sanct Peter Restaurant €€€

Brogsitter ist eine Institution! Weingut, Weinhändler, Hotel und das wunderschöne Restaurant Sanct Peter – alles ist absolut empfehlenswert. Seit über 400 Jahren ist die Familie im Weingewerbe zu Hause und hat ein entsprechend breit gefächertes, nationales wie internationales Sortiment aufgebaut. Bei den eigenen Weinen liegt der Schwerpunkt auf hervorragenden roten Burgundern, aber auch auf den Sekten. Überzeugen Sie sich am besten selber in der beliebten Vinothek. Nicht umsonst nennt sie sich: Weingut Brogsitter – Vinothek der 1000 Weine.

Lohnenswert ist ein Besuch im historischen Gasthaus von 1246. Zur sensationellen Weinkarte bekommen Sie eine ausgezeichnete klassisch-regionale Küche. Das Gourmetrestaurant gehört ebenfalls zu den besten des Landes. Im Sommer sitzen Sie auf der wunderschönen Gartenterrasse. Nur zwei Gehminuten entfernt können Sie im zauberhaften Romantikhotel in der 100 Jahre alten Villa übernachten. *Hauptgerichte etwa 30 bis 49 €.*

4,2 km | 4 Min.

Walporzheimer Straße 134, 53474 Bad Neuenahr-Ahrweiler, Tel. 02641 97750, E-Mail: info@sanct-peter.de, www.sanct-peter.de.

Geniale Spätburgunder & tolle Events!

A 571 Ausfahrt Sinzig

WEINGUT NELLES

„1479" ziert die Flaschen und erinnert an das Gründungsdatum

Das Weingut Nelles ist im Ahrtal eine Institution und auch weit über die Region hinaus bekannt. Besonders die Rotweine sind Kult. Auf jeder Flasche prangt die Zahl 1479 – so lange reichen ihre Wurzeln zurück. Thomas Nelles bildet mit seinem Sohn Philip ein „sensationelles" Gespann. Der umtriebige Philip kehrte nach seinem Diplomabschluss und namhaften Stationen, wie bei Paul Fürst, Weingut Knipser, Weingütern in Neuseeland und Australien, 2013 ins elterliche Weingut zurück. Dieses ist Mitglied im renommierten VDP und jetzt auch zertifiziert bei Fair'n Green. Nach dem schweren Hochwasserunglück ist es ihnen gelungen, ihre Vinothek wieder neu aufzubauen. Dort können Sie die exzellenten Weine verkosten und erwerben. In der nächsten Zeit soll hier auch eine „Wine Bank" entstehen. Mitglieder erhalten Zugang zum Keller und können dort Ihre Weinschätze lagern. Und das „i-Tüpfelchen": Angeschlossen an das tolle Weingut ist nicht nur ein Restaurant – unter der Leitung von Despina und Kostas Dinoris –, sondern auch ein schönes Hotel. Alle Zimmer sind neu renoviert und mit Namen der hauseigenen Weine versehen.

3,8 km | 6 Min.

Göppinger Straße 13a, 53474 Heimersheim,
Tel. 02641 24349, E-Mail: info@weingut-nelles.de,
www.weingut-nelles.de.

Die Weine

€ €

Der Fokus liegt bei Weingut Nelles auf sehr feinen, geschliffenen und fruchtbetonten Weinen. Wie es sich für die Ahr gehört, liegt ihr Schwerpunkt auf Früh- und Spätburgundern. Ob der *Ruber Spätburgunder* für 12 €, der *„1 Ahr" Spätburgunder* für 26 € oder ihre Großen Gewächse – sie sind wirklich alle mehr als empfehlenswert! Köstlich ist auch ihr Rosé – am besten auf der Terrasse des Restaurants genießen ...

Restaurant Feinschliff

€ €

Eine großartige Bereicherung für die Region ist das modern gestaltete Restaurant Feinschliff. Hier zelebrieren Victoria Lölsberg und Paul Heuser „Wine & Dine" auf höchstem Niveau! Die beiden Künstler haben in den allerbesten Häusern der Republik zahlreiche Erfahrungen gesammelt, bis sie sich mit ihrem ganz eigenen Konzept selbstständig gemacht haben. „Crossover" trifft den Küchenstil am allerbesten – traditionelle Produkte interpretiert Paul Heuser mit asiatischen und europäischen Gewürzen ganz neu. Victoria macht mit ihrer internationalen Weinbegleitung das 4-Gänge-Menü zu einem unvergesslichen Erlebnis. Für den Abend ist reservieren ein Muss – und alle Gäste werden gebeten, um 18:30 Uhr da zu sein. Besonders ist auch ihr „Plat du jour", das Mittagsgericht.

3,8 km | 3 Min.

Kirchplatz 8-9, 53489 Sinzig,
Tel. 02642 9959699, E-Mail: info@restaurant-feinschliff.de,
www.restaurant-feinschliff.de.

Steinheuers Hotel Landhaus

€ € €

Steinheuers betreiben nicht nur eines der besten Restaurants in Deutschland, sie gehören auch zu den sympathischsten Gastgebern auf dieser Welt! Zwei Michelin-Sterne und 18 Punkte im Gault Millau sind Ausdruck der erfolgreichen Arbeit des beständigen Familienbetriebs. Ihr Gourmetrestaurant Zur Alten Post ergänzen sie mit ihrem Landgasthof Poststuben und dessen hervorragender regionaler Küche. Ebenfalls wohlfühlen werden Sie sich in den großzügigen, liebevoll gestalteten Zimmern.
Doppelzimmer mit Frühstück ab 159 €.

5,6 km | 6 Min.

Landskroner Straße 110, 53474 Bad Neuenahr-Ahrweiler,
Tel. 02641 94860, E-Mail: info@steinheuers.de, www.steinheuers.de.

6

A 61 Ausfahrt Koblenz-Metternich

WEINGUT HEYMANN-LÖWENSTEIN

Tiefgründige Rieslinge ohne Kompromisse

Wenn man vom Weingut Heymann-Löwenstein und seinen Weinen spricht, hat das fast schon etwas Mystisches. Die Terroirmeister vinifizieren die tiefgründigsten Rieslinge überhaupt. Ich kenne kaum jemanden, dem es so wichtig ist, die verschiedenen Besonderheiten des Bodens in den Wein zu transportieren. Das heute von Sarah Löwenstein geleitete Weingut wurde 1980 von Reinhard und seiner Frau Cornelia in Winningen gegründet. Es dauerte nicht einmal zehn Jahre und sie sicherten sich schon die größten Weinauszeichnungen. Kompromisslos haben sie einen ganz eigenen Weinstil eingeführt. Eigentlich müssten Sie Reinhard Heymann-Löwensteins Buch „Terroir" lesen, um seine Philosophie zu verstehen. Darin plädiert er für eine neue Weinkultur, in der der Terroirwein, entstanden durch das schöpferische Zusammenspiel von Lage, Reben, Klima und der Kunst des Winzers, dem industrialisierten Wein-„Fastfood" die Stirn bietet.

6 km | 7 Min.

Bahnhofstraße 10, 56333 Winningen, Tel. 02606 1919, E-Mail: info@hl.wine, www.hlweb.de.

Die Weine €€€

Die Rieslinge sind an Tiefgründigkeit, Konzentration und Mineralität fast nicht zu toppen. Wie kaum ein anderer Wein spiegeln sie ganz und gar die unterschiedlichen Lagen mit ihren verschiedenen Schieferböden wider. Kaufen Sie je einen Riesling aus drei verschiedenen Lagen und machen Sie diese in Ihrem Freundeskreis auf. Es ist wirklich ein Erlebnis, wie unterschiedlich sich die Weine präsentieren.

Gutsschänke Schaaf €

Zwei historische, liebevoll restaurierte Gebäude mit romantischem Innenhof bilden das Ambiente für die Gutsschänke Schaaf in Winningen. Die alte Weinpresse und die Winzerwerkzeuge erinnern an die Vergangenheit als Winzerhaus. Begonnen hat der Restaurantbetrieb 1975 als Straußwirtschaft. Heute verwöhnt Sie das Team von Stefan Pohl in fünf urig dekorierten Räumen mit anspruchsvollen Gerichten. Jeder kommt auf seine Kosten, beim Heringssalat oder beim Küferteller mit Blut- und Leberwurst aus dem Rauch, bei Hackfleisch-Speckrolle auf Sauerkraut oder Seehechtfilet mit einer Käse-Sahnekruste nach altem Rezept. Ganz besonders ist hervorzuheben, dass die Weine der „local heroes" auch glasweise serviert werden. Und mit etwas Glück werden Sie Zeuge eines der zahlreichen Events wie Dichterlesungen oder Kunstausstellungen. *Hauptgerichte ab etwa 18,50 €.*

6 km | 8 Min.

Fährstraße 6, 56333 Winningen,
Tel. 02606 597, E-Mail: info@gutsschaenke.com,
www.gutsschaenke.com.

Hotel Moselblick €€

Dieses als Familienbetrieb geführte Hotel liegt wunderschön direkt an der Mosel. Der Fachwerkbau mit neuerem Anbau beherbergt große, komfortable und liebevoll eingerichtete Zimmer. Sie können in der hauseigenen Sauna entspannen und die Seele baumeln lassen. Hund oder Katze dürfen Sie auch mitbringen. Service und Betreuung sind ausgesprochen freundlich und kompetent. Bei schönem Wetter können Sie die einladende Terrasse nutzen. Das zugehörige Restaurant bietet anspruchsvolle regionale und traditionelle Gerichte. *Doppelzimmer mit Frühstück ab 115 €.*

7 km | 9Min.

An der B 416 (Inselweg), 56333 Winningen, Tel. 02606 920810,
E-Mail: info@hotel-moselblick.de, www.hotel-moselblick.de.

FÜR ENTDECKER Auch wenn alle Koblenz-Touristen dorthinströmen: Am Deutschen Eck, jener Landzunge an der Einmündung der Mosel in den Rhein, muss man mal gestanden haben.

---

7 A 61 Ausfahrt Koblenz/Dieblich

WEINGUT LUBENTIUSHOF

Spontanes aus der Terrassenmosel

Wenn Sie die Möglichkeit haben, schauen Sie sich doch mal die Startseite des Internetauftritts vom Lubentiushof an: Sie zeigt ein sensationelles Bild von den unglaublich steilen Rebenterrassen, auf dem Sie auch erkennen können, wie klein die Parzellen meist sind. Nicht umsonst spricht man hier von der Terrassenmosel; die breiten Stufen wurden dem Berg in mühevoller Handarbeit abgerungen. Susanne und Andreas Barth bewirtschaften 3,6 Hektar (ein recht kleines Weingut, am besten sichern Sie sich gleich ein paar Flaschen), entsprechend überschaubar ist ihr Sortiment – allerdings von höchster Güte! Insider wissen natürlich, dass Andreas Barth als Kellermeister und Geschäftsführer auch auf Günther Jauchs an der Saar gelegenem Weingut von Othegraven der wichtigste Mann war. Jetzt widmet er sich nur noch seinem eigenen Gut – dem Lubentiushof. Hier lohnt sich auf alle Fälle auch ein Besuch der „WeinWerkstatt". Sie vereint Tradition und Moderne – ein Zusammenspiel von Bruchstein, Glas, Stahl und Beton, das zu Recht mit dem Architekturpreis Wein ausgezeichnet wurde.

6,7 km | 8 Min.

Kehrstraße 16, 56332 Niederfell/Mosel,
Tel. 02607 8135, E-Mail: info@lubentiushof.de,
www.lubentiushof.de.

Die Weine €€

Alle Weine werden nur spontan vergoren, eine sehr diffizile Geschichte, aber sie sorgt für Langlebigkeit. Wenn Sie den *Gondorfer Gäns Riesling* verkosten, erleben Sie, wie fruchtig und schlank ein Riesling sein kann – mit Aromen, die an Limette und Mango erinnern, und mit einer enormen Länge hintenraus!

Alte Mühle Höreth Restaurant €€ und Hotel €€€

Aus dem 11. Jahrhundert stammt die alte Burgmühle, die der gebürtige Franke Thomas Höreth zu einem idyllischen Kleinod umgestaltet hat. In den liebevoll eingerichteten historischen Gewölben werden in mehreren Stuben – im Sommer auch im Innenhof und im Mühlengarten unter blühendem Oleander – saisonorientierte moselfränkische Gerichte serviert. Darunter können Sie sich so recht noch nichts vorstellen? Hier kommt die Aufklärung: Fränkische Bratwürstel mit Mühlenrahmsauerkraut, Bratkartoffeln und Senf oder zum Beispiel Lammtopf mit rosa gebratenem Lammrücken und kräftiger dunkler Sauce, würzigen Schnippelbohnen und Ofenkartoffeln. Thomas Höreth hat nach seiner Ausbildung im Burgund und einem Studium in Geisenheim auch Weinberge an der Mosel erworben, wo er auf Terrassen- und in Steillagen eigene Weine anbaut. Zum Lamm wird dann ein Merlot oder ein Cabernet Sauvignon aus der eigenen Erzeugung serviert.

Neben dem Restaurant ist die Burgmühle aber auch ein ganz besonderes Hotel – aus dem Sie vermutlich nicht mehr ausziehen wollen! Die historischen Kammern haben heute natürlich allen modernen Komfort. Sie sind perfekt eingerichtet, in einer stilsicheren Synthese von historisch und modern. Ein Blick auf die Homepage wird Sie überzeugen. Gönnen Sie sich dieses außergewöhnliche Erlebnis und genießen Sie am nächsten Morgen ein Frühstück in dem einmaligen Frühstücksraum. *Hauptgerichte etwa 19 bis 30 €, Doppelzimmer mit Frühstück ab 230 €.*

8,2 km | 11 Min. **Mühlental 17, 56330 Kobern-Gondorf, Tel. 02607 6474, E-Mail: fragen@altemuehlehoereth.de, www.thomashoereth.de.**

FÜR ENTDECKER Geballte Kultur erwartet Sie in der Festung Ehrenbreitstein, auf einem Felssporn direkt gegenüber der Einmündung der Mosel in den Rhein gelegen. Nicht nur der imposante Bau selbst ist ein Erlebnis. Hier gibt es auch eine ganze Reihe von interessanten Museen, darunter das Haus des Genusses mit einer Ausstellung über die Geschichte des Weinbaus am Rhein.

8

A 61 Ausfahrt Boppard

WEINGUT TONI LORENZ

Familienweingut in Steillage

Ein kleiner, sympathischer Familienbetrieb, wie er im Buche steht! Joachim Lorenz bearbeitet vier Hektar in richtiger Steillage. Haben Sie gewusst, dass man bereits ab 30% Hangneigung von einer Steillage spricht? Am Mittelrhein müssen die Winzer aber oft viel größere Hangneigungen bezwingen, was ihnen einen immensen Arbeitsaufwand beschert. Manche Steillagen werden deshalb überhaupt nicht mehr bewirtschaftet. Umso mehr sollte man es schätzen, dass Familie Lorenz ihre Weine zu recht moderaten Preisen anbietet. Durch Joachims Frau Martina kam zum Weingut auch noch das Hotel Landsknecht. Liebevoll und romantisch haben sie alle Zimmer gestaltet. Zum Hotel gehört auch ein Restaurant mit Wintergarten, von dem aus Sie direkt auf den Rhein und die Weinberge schauen können. Joachim Lorenz legt Wert auf Qualität und Nachhaltigkeit bei der Weinherstellung. Die atemberaubende Aussicht auf den Rhein und den Bopparder Hamm machen eine Wanderung durch die Weinberge zu einem unvergesslichen Erlebnis.

8 km | 14 Min.

Ablassgasse 4, 56154 Boppard,
Tel. 06742 958990, E-Mail: info@lorenz-weine.de,
www.lorenz-weine.de.

Die Weine €

Wie zu erwarten, liegt der Schwerpunkt natürlich auf dem Riesling. Genießen Sie den feinherben *Riesling Bopparder Hamm* (6,50 €) mit feiner Restsüße, kräuterig, schlank und frisch oder den vollmundigeren *Riesling Meisterstück trocken* (13 €), kraftvoll mineralisch, an Pfirsich erinnernd und mit langem Nachhall. Wer lieber weniger Säure mag, der sollte den *Grauburgunder trocken* (6,30 €) probieren, er duftet wie ein Korb voller reifer Birnen und ist geschmeidig und rund.

Restaurant Hotel Tannenheim €€

Nicht weit von der Autobahnausfahrt entfernt finden Sie das Hotel Tannenheim am Bahnhof Buchholz. Dieses Haus aus der Epoche des Jugendstils wird seit 1908 in Familienbesitz geführt, mittlerweile in der vierten Generation. Familie Fuchs leitet den gastronomischen Betrieb mit Umsicht und hohem persönlichem Engagement. Die Zimmer sind hell, freundlich und sehr geschmackvoll eingerichtet. Das Preis-Leistungs-Verhältnis stimmt rundum. Im Restaurant werden gutbürgerliche, saisonal abgestimmte regionale Speisen serviert; besonders zu erwähnen sind die Wildspezialitäten. Der Service im Haus ist auffallend freundlich und persönlich – wie man es meist nur in Familienbetrieben erleben kann. *Hauptgerichte ab 24 €.*

1 km | 1 Min.

Bahnhof Buchholz 3, 56154 Boppard,
Tel. 06742 2281, E-Mail: hoteltannenheimgmbh@gmail.com,
www.hotel-tannenheim.de.

Bellevue Rheinhotel €€€

Nomen est omen – ein Traum, dass es noch solche alten Prachthotels direkt am Ufer des Rheins mit einer wirklich grandiosen Aussicht gibt! Das 4-Sterne-Haus Bellevue Rheinhotel wird seit nunmehr 136 Jahren als Familienbetrieb geführt. Heute leitet mittlerweile die vierte und fünfte Generation den Hotelbetrieb. Man badet förmlich im Flair der Belle Époque, mit Jugendstil in Vollendung. Wenn Sie hier übernachten, wandeln Sie auf den Spuren des japanischen Alt-Kaiserpaars Akihito und Michiko oder – falls Sie das lieber tun – von „Papa" Theodor Heuss oder Fritz Walter. Die Zimmer sind luxuriös im Stil eines Grandhotels ausgestattet. Auch der großartige Wellnessbereich verkörpert den Jugendstil. Das zum Hotel gehörende Gourmetrestaurant hat sich seit einigen Jahren zu einem der besten in Rheinland-Pfalz entwickelt. *Doppelzimmer von Mai bis Oktober ab 132 €, plus Frühstück 14,50 €/Person.*

8 km | 14 Min.

Rheinallee 41, 56154 Boppard,
Tel. 06742 1020, E-Mail: info@bellevue-boppard.de,
www.bellevue-boppard.de.

9 A 61 Ausfahrt Dorsheim

SCHLOSSGUT DIEL

Diplom-Önologin, Genussexpertin und Familienfrau

Caroline Diel ist zum einen die Genussfrau par excellence und zum anderen eine der ganz großen Winzerinnen – nicht nur in Deutschland. Nach wirklich zahlreichen Erfahrungen in den besten Betrieben weltweit kehrte die diplomierte Önologin 2006 in das elterliche Weingut zurück. Dass ihre Übernahme mehr als glücklich ist, beweisen die vielen Auszeichnungen, so wurde sie beispielsweise in den vergangenen drei Jahren als Winzerin des Jahres von der FAZ, Falstaff, Vinum, Fine Food Days Cologne gefeiert. Mit ihrem Mann Sylvain bildet sie ein absolutes Green Team. Caroline kann sich ganz und gar den Weinen widmen – Sylvain nimmt ihr alles andere ab. Die Eltern dreier Kinder haben in letzter Zeit ein super motiviertes junges Team um sich aufgebaut. Derzeit stellen sie auf biologischen Weinbau um. Schon von der Autobahn aus sehen Sie die berühmte Lage Dorsheimer Goldloch in großen Lettern im Rebberg prangen. Carolines Eltern Armin und Monika Diel hatten das Weingut schon früh in die Spitzenkategorie gebracht.

7,6 km | 6 Min.

**Burg Layen 16, 55452 Rümmelsheim,
Tel. 06721 96950, E-Mail: info@diel.eu,
www.diel.eu.**

Die Weine €€€

Hier kauft man Riesling, das versteht sich von selbst. Zudem ist es spannend, eine Weinsorte aus verschiedenen Lagen, wie Dorsheim, Eierfels, Goldloch und Burgberg, zu probieren. „Karge Gesteinsböden, durchsetzt mit Schiefer, Quarzit und Kieseln, bilden die Grundlage für unsere mineralischen Rieslinge", sagt Caroline Diel. „Meine wichtigste Aufgabe besteht darin, die unterschiedlichen Charaktere dieser Terroirs in den Weinen widerspiegeln zu lassen." Meine Favoriten sind die leichten Kabinettweine – mit weniger als 10% Alkohol. Auch die Sekte und Pinot noirs vom Schlossgut Diel sind großartig!

Heinrichs Bed & Breakfast im Weingut Schweinhardt €€

Weingut Bürgermeister Schweinhardt ist schon lange bekannt für seine vorzüglichen Weine. Ute und Axel Schweinhardt sind Gastgeber par excellence! Unermüdlich sind die beiden im Einsatz, ob für Events, für Übernachtungen oder für ihre Weine – alles läuft wie am Schnürchen. Im ehemaligen, 200 Jahre alten Kuhstall haben sie einen geschmackvollen Verkostungsraum geschaffen und im Jahre 2010 kamen auch noch Zimmer und Appartements hinzu. Die Zimmer sind alle individuell ausgestattet, so werden beispielsweise Königschild oder Steinchen (mit freigelegter Steinwand) ihren Namen ganz gerecht. Übrigens gibt es in Langenlonsheim 15 verschiedene Weingüter – schon deshalb lohnt es sich, immer im Heinrichs Bed & Breakfast zu nächtigen. *Doppelzimmer mit Frühstück je nach Saison ab 118 €.*

6,1 km | 9 Min.

Heddesheimer Straße 1, 55450 Langenlonsheim,
Tel. 06704 93100, E-Mail: info@schweinhardt.de,
www.weingut-schweinhardt.de.

Restaurant und Hotel Kaiserhof €€€

Während früher der Kaiserhof als Geheimtipp gehandelt wurde, pilgern heute die Gourmets allesamt gerne dorthin. Markus Buchholz kennt man vom Fernsehen – und er ist mit seiner Kreativität nicht zu bremsen. Wunderbar ist seine „Kulinarische Reise" – ein ausgefeiltes 7-Gänge-Menü. In den letzten Jahren wurde das Restaurant ansprechend modern gestaltet. Die Gäste sind begeistert, dass sie bei der Open Kitchen den Köchen direkt über die Schulter schauen können. 1997 integrierten die beiden Vollblutgastronomen Kerstin und Markus Buchholz auch ein Hotel in den bereits bestehenden Restaurantbetrieb. Seither laden zehn wunderschöne und geschmackvoll ausgestattete Zimmer dazu ein, zu der exzellenten Küche auch die perfekte Weinbegleitung zu genießen. *Menü 69 €.*

8,9 km | 10 Min.

Hauptstraße 2, 55452 Guldental,
Tel. 06707 94440, E-Mail: info@k-guldental.de,
www.kaiserhof-guldental.de.

10

A 61 Ausfahrt Bingen-Mitte

WEINGUT KRUGER-RUMPF

Köstliche Weine - Weinstube - Übernachten

„Weinberge, die von Großvätern für ihre Enkel angelegt wurden, sind heute die Basis unseres Schaffens." Nach einem Weinbaupraktikum in den USA kam Stefan Rumpf Ende der 70er zurück an die Nahe, übernahm den Familienbetrieb, stellte von Fasswein auf Flaschenverkauf um und verschrieb sich ganz dem hochqualitativen Weinbau. Mitte der 80er-Jahre legte Stefan im Rheinberg den ersten Chardonnay-Weinberg an der Nahe an. Als Anerkennung für naturverbundenen Anbau, nachhaltiges Wirtschaften in den Weinbergen und für Weine bester Qualität wurde das Weingut im Jahr 1992 in den Verband Deutscher Prädikatsweingüter aufgenommen. 2008 tritt mit Georg Rumpf die nächste Generation ins Unternehmen ein. Rebsorten wie der Sauvignon blanc kommen mit hinzu. Mit Theresa und Magdalena, die Töchter von Georg und Julia, sitzt die nächste Generation schon in den Startlöchern. Weit über die Grenzen beliebt ist auch die zugehörige Weinstube. Wenn Sie rechtzeitig buchen, können Sie über dem Weingut übernachten.

4,1 km | 5 Min.

Rheinstraße 47, 55424 Münster-Sarmsheim, Tel. 06721 43859, E-Mail: info@kruger-rumpf.com, www.kruger-rumpf.com.

Die Weine €€

Spannend ist es, wenn Sie sich die trockenen Rieslinge *Schiefer, Phyllit* und *Quarzit* mitnehmen. So können Sie die geschmacklichen Unterschiede der verschiedenen Böden im Vergleich erleben. Der Sommerwein par excellence: *Spätburgunder Blanc de Noir trocken* – so einen beerigen, fruchtigen Wein bekommen Sie nur selten. Bei Kruger-Rumpf gibt es ein hervorragendes Preis-Leistungs-Verhältnis.

Restaurant zum Weinkeller €

Rheinische Gemütlichkeit im historischen Gewölbekeller. Ob Sie unter dem großen Tonnengewölbe oder im Weingarten sitzen: Anheimelnd und unkompliziert ist es überall. Bei Heidi Zimmermann-Josts Küche bleiben keine Wünsche offen, vor allem, wenn sie Spezialitäten aus dem Steinofen zubereitet, wie den Rheinhessischen Winzertopf mit Ragout vom Rind in Dornfelder, Flammkuchen oder Rheinhessenrolle. Seit über 35 Jahren verwendet die vielfach ausgezeichnete Köchin ihre eigenen Kräuter und die regionalen Produkte, wie Fleisch aus dem Hunsrück, Forellen aus dem Wispertal oder das Gemüse vom Markt. Gastwirt Andreas Jost kredenzt den passenden Wein dazu. Rund 30 offene Weine hat er im Angebot – aus den vier in Bingen am Rhein angrenzenden Weinbauregionen Rheinhessen, Rheingau, Nahe und Mittelrhein. *Hauptgerichte etwa 10 bis 25 €.*

7,5 km | 9 Min. **Vorstadt 58-60, 55411 Bingen am Rhein, Tel. 06721 1867994, E-Mail: weinkeller@zum-weinkeller-bingen.de, www.zum-weinkeller-bingen.de.**

Bed & Breakfast Hinterconti €

Ein historisches Gehöft wurde geschickt umgestaltet dabei entstanden 14 großzügige, modern und komfortabel ausgestattete Zimmer. Jedes einzelne ist individuell gestaltet und eingerichtet, mit jeweils eigenem Stil und Charme. Ob Kolonialstil, Countrylook, verspielte florale Dekoration oder streng schwarz-weiß – eine Variante wird Ihren Geschmack treffen! Das Frühstück aus frischen und regionalen Produkten nehmen Sie in der ehemaligen Scheune ein, die auch für Events und Veranstaltungen genutzt wird. Der Service ist sehr aufmerksam. Ein echter Geheimtipp! *Doppelzimmer mit Frühstück ab etwa 95 €.*

7,2 km | 8 Min. **Naheweinstraße 17, 55559 Bretzenheim, Tel. 0671 79670910, E-Mail: mail@hinterconti.com, www.hinterconti.com.**

FÜR ENTDECKER Eine Wanderung auf dem Nahehöhenweg ist sehr lohnend, gerade das Stück zwischen Spabrücken und Bingen durch den Binger Wald und die Steckeschläferklamm.

---

11 A 61 Ausfahrt Bad Kreuznach

WEINGUT KORRELL-JOHANNESHOF

Riesling *Paradies* - Nomen est omen

Wenn es um die besten Weingüter der Nahe geht – dann dürfen Britta und Martin Korrell nicht fehlen! Ihr Weingut gehört wirklich zu den absoluten Vorzeigebetrieben. Zum einen weil sie sich mit ihren Weinen stetig weiterentwickeln, zum anderen pflegen sie eine wunderbare Gastfreundschaft. Mit ihren besonderen Events haben sie mittlerweile eine echte Fangruppe. Ein unvergessliches Erlebnis ist es spätestens, wenn Martin Korrell eine Magnum oder Doppelmagnum aus dem Keller holt. Witzig finde ich auch Korrells M-Club (sprich: Magnum Club). Hierfür füllt er auch jedes Jahr eine Flasche Balthazar (12 l) eines anderen Topweins ab und versteigert sie unter den Clubmitgliedern für einen guten Zweck. Schon fast legendär ist ihr Riesling *Paradies* – seit über 50 Jahren der Stolz der Familie. Martin spielte schon als Kind immer gerne in der Lage Paradies. Vor einigen Jahren hat er rund 4000 Riesling-Rebstöcke neu gepflanzt. Wer nicht so dem Riesling zugetan ist, kommt ebenfalls voll auf seine Kosten – mit wunderbaren Weiß- und Grauburgundern, Sauvignon blancs oder leckerem Muskateller …

7,9 km | 8 Min.

Görzstraße 7, 55545 Bad Kreuznach-Bosenheim, Tel. 0671 63630, E-Mail: weingut@korrell.com, www.korrell.com.

Die Weine €€

Vor allem die Lagenweine sind enorm konzentriert, extraktreich und mit viel Fruchtschmelz unterlegt. Zu meinen Favoriten gehört neben dem *Paradies* ihr *Schloßböckelheimer In den Felsen Riesling trocken*, ein unglaublich fruchtig-konzentrierter Wein, der nach Ananas und Maracuja riecht und schmeckt.

Restaurant Jan Treutles Gütchen €€€

Jan und Elisabeth Treutle haben sich einen hervorragenden Namen geschaffen. In jungen Jahren hat der gebürtige Badener in den besten Häusern, wie in der Traube Tonbach oder im Il Giardino in Ascona, Erfahrungen gesammelt; seit 1994 wendet er sie in seinem Restaurant am historischen Schlosspark in Bad Kreuznach an. Mit viel Verstand und Detailliebe haben Treutles in dem hübschen Barockgut das Alte und die Moderne perfekt in Szene gesetzt. Im Sommer fühlen Sie sich auf der wunderschönen Terrasse, mit Blick auf die alten Bäume des nahe liegenden Parks, sofort wie im Urlaub. Sie bieten vier hervorragende Menüs, aus denen man auch alle Gänge einzeln bestellen kann. Großer Beliebtheit erfreuen sich vor allem auch Jans Klassiker: Gebratene Gänselebertranche mit Rharbarber-Frühlingslauch-Bärlauchconfit oder Islandschollenfilet Finkenwerder Art mit Büsumer Krabben.

9,9 km | 11 Min.

Hüffelsheimerstraße 1, 55543 Bad Kreuznach, Tel. 0671 42626, E-Mail: Restaurant@im-guetchen.com, www.im-guetchen.com.

FÜR ENTDECKER Für mich war es die Überraschung schlechthin, als mir ein lieber Bekannter von den Rotweinen an der Nahe vorschwärmte! Ich musste mich unbedingt schnell selbst überzeugen und er hatte – natürlich – recht. Besonders genial sind die Spätburgunder vom Lindenhof (www.weingutlindenhof.de), das drei Kilometer nördlich vom Guldentaler Kaiserhof im Örtchen Windesheim liegt.

RHEINGAU RHEINHESSEN PFALZ

18

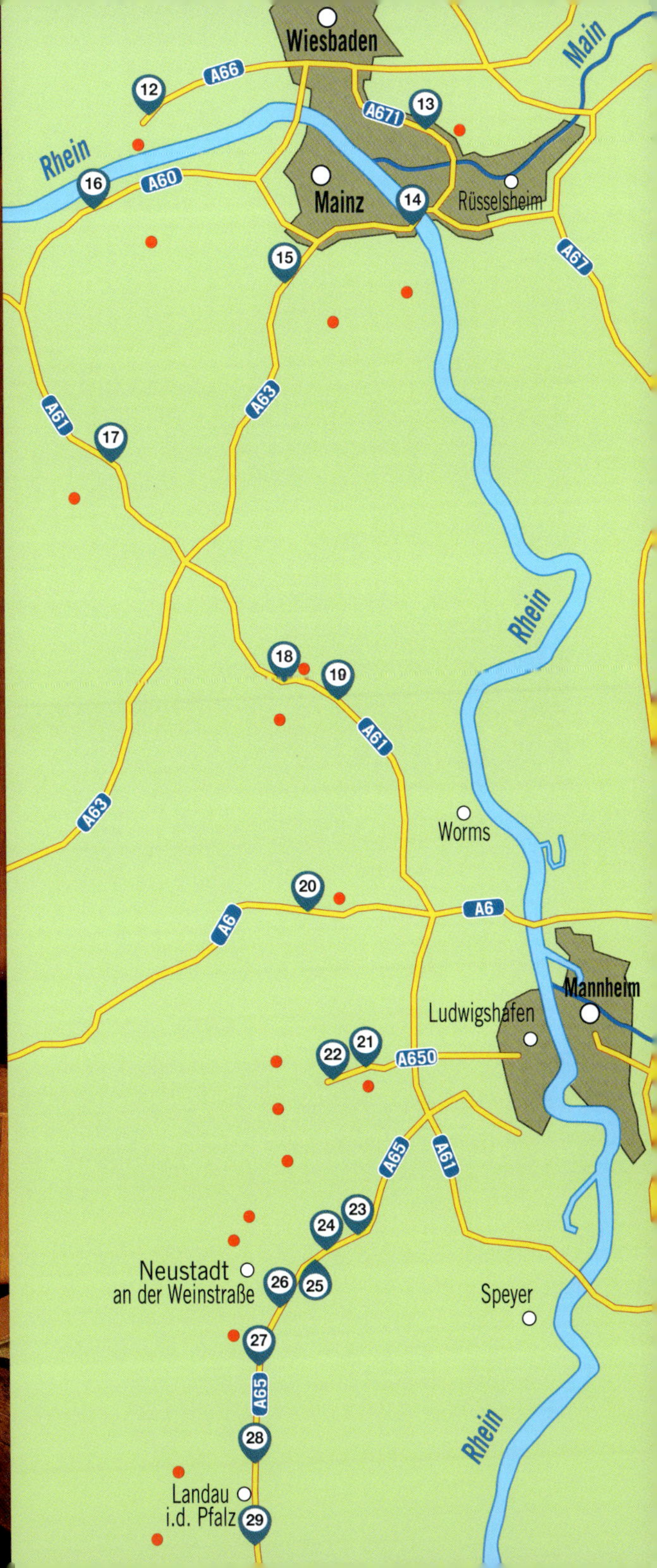
Wiesbaden
Main
A66
12
13
A671
Rhein
16
A60
Mainz
14
Rüsselsheim
15
A67
A61
17
A63
Rhein
18
19
A61
Worms
A63
20
A6
A6
Mannheim
Ludwigshafen
21
22
A650
A65
A61
23
24
Neustadt
an der Weinstraße
26
25
Speyer
27
A65
28
Rhein
Landau
i.d. Pfalz
29

KLASSE STATT MASSE

Von den Weingärten im Rheingau hat man einen atemberaubenden Blick auf den Rhein.

Rheingau

Wenn auch nicht so ganz an der Autobahn gelegen, ist eine Reise in die Vorzeigeweinregion Rheingau immer ein besonderes Erlebnis. Die Weingüter, oft in einem altehrwürdigen Schloss oder Kloster beherbergt, liegen allesamt am Rhein. Genauer gesagt: Sie thronen in den Weingärten oberhalb des Flusses. Riesling ist mit 80% die meistangebaute Traubensorte der Gegend. Seit jeher werden daraus große Rieslingweine gekeltert. Ob als leichter Kabinett, trockene Spätlese oder edelsüß ausgebaut – immer laufen sie zur Hochform auf. Und langlebig sind die Rieslinge: In mancher Weinstube finden Sie noch 20 Jahre alte Rieslinge, die immer noch lebendig und frisch schmecken, fast wie – im positiven Sinne – Zitronenbrause.

Dem Rheingau kann man gut einen Kurzbesuch abstatten, denn die gesamte Weinregion bündelt sich auf 30 Kilometer Länge. Ein Erlebnis ist es natürlich, die Germania oder das Niederwalddenkmal zu erkunden. Sie können aber auch wunderbar wandern oder Rad fahren. Oft bieten die Winzer oder Gastronomen eine kleine Stärkung (vorzugsweise mit Riesling) direkt am Rhein an. Oder Sie kehren in einer der wunderhübschen Weinstuben ein. Dort verstehen sie es vorzüglich, die Gerichte auf ihre Weine abzustimmen.

Rheinhessen

Für uns Weinleute ist Rheinhessen zurzeit besonders spannend. Die größte Weinregion Deutschlands hatte lange Zeit wenig Ansehen und wurde mit zahlreichen Rebneuzüchtungen – Huxelrebe, Kanzlerrebe, Faberrebe usw. – sowie Liebfrauenmilch in Verbindung gebracht. Aber wie so oft: Wenn die Not groß ist, verändert sich etwas. Die Vorreiter für hohen Qualitätsanspruch waren Klaus Keller in Flörsheim-Dalsheim und Günter Wittmann in Westhofen. Das Rebsortenspektrum Rheinhessens gleicht einem Fächer, aber vor allem die Rieslinge laufen hier zu ganz großer Güte auf. Viele top ausgebildete Jungwinzer haben mittlerweile das Zepter in den Weingütern übernommen. Die Nachfolger sammeln nicht nur mit großem Selbstverständnis internationale Erfahrungen, sie tauschen sich auch aus. Bestes Beispiel war der Zusammenschluss von 28 jungen Winzern zu „message in a bottle". Erfreulich: Die Preise in Rheinhessen sind noch ganz zivil, ob für Weine, Essen oder für Übernachtungen in den gemütlichen Gasthäusern.

Pfalz

Die Pfalz steht nicht nur flächenmäßig an zweiter Stelle, sie gehört auch zu den schönsten und wichtigsten Weinregionen Deutschlands. In der Mittelhaardt wachsen mit die besten Rieslinge, in der Südpfalz gedeihen neben Riesling vor allem ganz große Burgunderweine. Ob Weiß-, Grau-, Spätburgunder oder Chardonnay – sie alle suchen ihresgleichen! Einen großen Dienst, nicht nur für die Pfalz, sondern für ganz Deutschland, haben die „Fünf Freunde" geleistet. Die Weingüter Becker, Ökonomierat Rebholz, Dr. Wehrheim, Münzberg und Siegrist schlossen sich bereits im Jahr 1991 für kollegialen Austausch, offene Zusammenarbeit und Weinreisen zu berühmten Kollegen zusammen. So muss nicht mehr jeder Winzer das Rad neu erfinden und alle profitieren von den Erfahrungen der einzelnen. Mittlerweile gibt es viele junge Winzer, die hervorragende Weine produzieren – zu einem sensationellen Preis-Leistungs-Verhältnis. Doch genauso spannend wie die Weinszene hat sich die Gastronomie entwickelt. Neben gemütlichen Weinstuben gibt es eine große Auswahl an Restaurants mit kreativer Küche.

Weiße Rebsorten, wie hier Riesling, prägen die Landschaften im Rheingau, in Rheinhessen und der Pfalz.

12 A 66 Ausfahrt Wiesbaden-Frauenstein

WEINGUT GEORG MÜLLER STIFTUNG

Ein einzigartiger Kunst-Keller

Im zauberhaften Hattenheim sollten Sie unbedingt das Weingut Georg Müller Stiftung besuchen. 2003 wurde es von dem erfahrenen Weinexperten Peter Winter und seiner Frau Elvira erworben. Da Elvira Winter in Wiesbaden eine Kunstgalerie führte, war schnell die Idee geboren, einzigartige Kunstinstallationen in den großen 250 Jahre alten Keller einzubinden. Allerdings gestaltete sich die Umsetzung als immense Herausforderung, da das Kellerklima mit kühlen Temperaturen und hoher Luftfeuchtigkeit den Kunstwerken nicht unbedingt zuträglich ist. Ein Besuch im Keller ist ein großes Erlebnis: Lichtobjekte oder durch Licht in Szene gesetzte Kunst wie die „Subsphären“ der aus Mainz stammenden Künstlerin Ulli Böhmelmann (auf dem Foto zu sehen) verleihen dem Keller eine einzigartige Atmosphäre.

12,9 km | 12 Min.

Eberbacher Straße 7–9, 65347 Hattenheim im Rheingau, Tel. 06723 2020, E-Mail: info@georg-mueller-stiftung.de, www.georg-mueller-stiftung.de.

Die Weine €€

70% der 20 Hektar Rebfläche entfallen auf den Klassiker im Rheingau: Riesling. Großartig ist beispielsweise der *Hassel Großes Gewächs*. Er zeigt einen außergewöhnlichen Duft, an Holunderblüten sowie Rote und Schwarze Johannisbeeren erinnernd. Am Gaumen spüren Sie seine markante, mineralische Art, sein Nachhall erinnert an Heidekraut. Burgunderliebhabern empfehle ich den *Auxerrois* – seine florale Art und sein Schmelz machen ihn verführerisch. Wunderbar ist auch der elegante Spätburgunder *Daniel*, der im Duft viele beerige Aromen widerspiegelt.

Weinhaus zum Krug €€€

Von außen sieht es fast wie ein Lebkuchenhaus aus – innen vermittelt es die gemütliche und heimelige Atmosphäre einer richtigen Weinstube. Apropos Wein: Josef Laufer gehört für mich zu den größten Kennern der Rheingauer Weine und er legt Wert darauf, auch gereifte Jahrgänge berühmter Winzer zu führen. Sie wissen ja: Gereifte Weine passen oft viel besser zum Essen als junge, fruchtige. Die Küche des Traditionshauses bietet Klassiker sehr modern interpretiert. Dazu gehören gebratene Rheingauer Blutwurst mit gerösteten Haselnüssen oder Sauerbraten vom Bio-Weiderind mit Kartoffelklößen. Zu Laufers Projekten gehört auch die Renovierung des Nachbarhauses, in dem moderne Zimmer mit viel Naturstein entstanden sind. Fragen Sie nach der Burgunder-Suite oder den Riesling- und Hattenheim-Zimmern. *Hauptgerichte ab etwa 30 €.*

12,8 km | 12 Min. **Hauptstraße 34, 65347 Hattenheim, Tel. 06723 99680, E-Mail: info@zum-krug-rheingau.de, www.hotel-zum-krug.de.**

Hotel Kronenschlösschen €€€

Einer der besonderen Reize des Rheingaus sind die vielen hübschen, wunderschön restaurierten Schlösschen. Das Kronenschlösschen ist eine tolle Mischung aus denkwürdigem Gemäuer, frischen und modernen Aspekten und heimeliger Atmosphäre. Ganz besonders trifft das auf die individuellen Zimmer und Suiten zu. Das Gourmetrestaurant mit Küchenchef Roland Gorgosilich und Sommelier Florian Richter gehört ebenfalls zu den besten des Landes. Die Weinkarte ist so phänomenal, dass sich schon alleine deshalb ein Abstecher lohnt. Legendär ist ihr „Rheingau Gourmetfestival"! Ende Februar/Anfang März geben sich circa 20 Tage lang mittags und abends die allerbesten Köche, Winzer und Moderatoren der Welt die Klinke in die Hand und zaubern fantastische Highlights. *Doppelzimmer mit Frühstück ab etwa 176 €.*

12,6 km | 11 Min. **Kronenschlösschen, Rheinallee, 65347 Eltville-Hattenheim, Tel. 06723 640, E-Mail: info@kronenschloesschen.de, www.kronenschloesschen.de.**

13 A 671 Ausfahrt Hochheim-Nord

WEINGUT GUNTER KÜNSTLER

„Hockwein“ aus Hochheim

Wir schmunzeln manchmal, aber tatsächlich haben die Engländer schon über Jahrhunderte eine gestandene Weinkultur – natürlich nicht in Bezug auf Weinbau, wohl aber, was das Weintrinken betrifft. Zu den großen Glanzzeiten des British Empire war der „Hockwein“ der berühmteste. Gemeint ist damit Hochheim im Rheingau. Und wenn Sie mich fragen, gehören die Rieslinge von Gunter Künstler zu den besten der Welt! Seit Gunter Künstler 1982 seinen ersten eigenen Wein ausbaute, ist der Betrieb deutlich gewachsen. 1992 übernahm der diplomierte Önologe Gunter Künstler das Weingut seines Vaters offiziell. Der größte Cup kam 1996, als er das ehemalige Weingut Aschrott mit den begehrten Hochheimer Weinberglagen übernahm. Im Sommer 2006 konnten Künstlers in die ehemalige Sektkellerei Burgeff am Rand von Hochheim umsiedeln. Akribisch arbeitet Gunter Künstler, um die Geologie und die klimatischen Gegebenheiten der Lagen im Wein einzufangen. Einen guten Einblick bekommen Sie in dem Gutsgebäude, in das die Familie vor einigen Jahren umgezogen ist.

3,2 km | 19 Min.

Geheimrat-Hummel-Platz 1a, 65239 Hochheim am Main, Tel. 06146 83860, E-Mail: info@weingut-kuenstler.de, www.weingut-kuenstler.de.

Die Weine €€

Bei einer Weinprobe in der wunderschön hergerichteten Vinothek werden Sie schon vom „normalen" Künstler *Riesling trocken/VDP Gutswein* (11,50 €) begeistert sein. Er duftet traubig, erinnert an Sandelholz und wirkt am Gaumen sehr kraftvoll und rund. Der *Flörsheimer Herrnberg Riesling trocken/VDP. Erste Lage* (13,50 €) zeigt mehr gelbfleischige Früchte, wie Ananas und Maracuja. Legendär ist die *Hochheimer Hölle Riesling Großes Gewächs trocken* (42 €) mit intensivem Duft von Pfirsich und Aprikose, unglaublicher Tiefe, Mineralität und enormer Langlebigkeit. Richtig toll sind allerdings auch der Sauvignon blanc, grüner Veltliner, Chardonnay, weißer Burgunder, Alvarinho, Merlot und Spätburgunder.

Restaurant Mediterran im Weinegg €

Im alteingesessenen Weingut Weinegg weht ein frischer Wind: Hier hat der Quereinsteiger Fabian Schmidt nach seinem Studium in Geisenheim das Zepter übernommen und sorgt nicht nur mit Rieslingen, sondern auch mit kräuterwürzigen Merlots für Furore. Angeschlossen an das Weingut ist das freundliche Restaurant Mediterran. Mittags bietet es zu sehr annehmbaren Preisen einen Mittagstisch mit wechselnder Karte. Schnitzel bekommen Sie in allen erdenklichen Varianten und die kroatischen Wirtsleute bieten neben Cevapcici und Pljeskavica auch kroatische Weine an. *Hauptgerichte etwa 12 bis 20 €.*

2,7 km | 8 Min.

Kirchstraße 38, 65239 Hochheim am Main,
Tel. 06146 8496064, E-Mail: info@mediterran-restaurant.de,
www.mediterran-restaurant.de.

Restaurant Mechthild in der Domäne Mechtildshausen €€

Bioland-Landwirtschaft, Restaurant und Café – alles unter einem Dach in der wunderschön gelegenen Domaine Mechtildshausen. Das Gemeinschaftsprojekt mit der Wiesbadener Jugendwerkstatt kümmert sich darum, junge, von Arbeitslosigkeit bedrohte Jugendliche zu unterstützen, auszubilden und gegebenenfalls wieder einzugliedern. Die Domäne hat wirklich viel zu bieten: Sie ist ein Gefüge aus Metzgerei, Bäckerei, Molkerei, Floristik, Markthalle, Restaurant, Café und eigener Bio-Landwirtschaft für Ackerbau, Obst, Gemüse, Geflügel, Milchvieh und Schweine. In der Hofküche werden die eigenen Bioprodukte mit viel Liebe zubereitet. *Beliebt ist auch ihr Mittagsmenü – bestehend aus einer Suppe, Hauptgang und Kaffeespezialität zu 19,90 €.*

3,1 km | 7 Min.

Flugplatz Erbenheim (auch für Navigationsgerät), 65205 Wiesbaden-Erbenheim,
Tel. 0611 7374660, E-Mail: hofkueche@wjwggmbh.de,
www.domaene-mechtildshausen.de.

14 A 60 Ausfahrt Mainz-Laubenheim

WEINGUT KÜHLING-GILLOT

Als Doppelpack auf der ganzen Welt gefragt

Es gibt praktisch keine Auszeichnung in der Weinwelt, die Carolin Spanier-Gillot vom Weingut Kühling-Gillot nicht erhalten hat! In ihrem Weingut in Bodenheim können Sie in der wunderschönen, modern gestalteten Vinothek ihre Weine wie auch die Weine ihres Mannes vom Weingut Battenfeld-Spanier verkosten. Die familieneigene Jugendstilvilla wurde erhalten und mit einem modernen Anbau erweitert – der mit viel Glas und tollen Loungemöbeln besticht. Ein Highlight ist auch der parkähnliche Garten. Wenn Sie dort mit einem Glas Riesling flanieren, möchten Sie vielleicht gar nicht mehr weiterfahren. Carolin Spanier-Gillot verkörpert mit ihrer umfassenden Ausbildung den neuen Typus von Winzerinnen. Sie hat bereits vor 25 Jahren mit großem Selbstverständnis in Geisenheim studiert und im Jahre 2002 das elterliche Weingut übernommen. Hier kommt geballte Kompetenz zusammen: Carolin und ihr Mann H.O. Spanier zählen zu den besten Rieslingmachern der Welt! Unter H.O.s Regie wurde ihr Riesling *Rothenberg* mit 100 Punkten im Gault Millau ausgezeichnet!

5,2 km | 8 Min.

**Ölmühlstraße 25, 55294 Bodenheim,
Tel. 06135 2333, E-Mail: info@kuehlingandbattenfeld.com,
www.kuehling-gillot.de.**

Die Weine €€€

Alle Weine – von beiden Weingütern – schmecken fantastisch! Ab 14,50 € beginnen ihre Gutsweine. Carolin und ihr Mann H.O. Spanier zeigen, dass Rheinhessen die allerbesten Bedingungen für große Rieslinge bietet. Auch ihre Spätburgunder machen viel Spaß beim Trinken. Ihr neustes Baby ist ihr mediterraner Roséwein aus der Provence.

Restaurant Bootshaus €€

Nomen est omen – das Bootshaus liegt direkt am Wasser und die Ruderer sind hier auch zu Hause. Das helle, moderne Restaurant wirkt ehrlich und unkompliziert und ein paar Stunden auf der wunderschönen Terrasse sind wie ein Urlaubstag. Die Küche ist regional und bodenständig, aber vom Feinsten. Kein Wunder, denn das Konzept stammt von Frank Buchholz. Vielen ist er aus dem Fernsehen bekannt. Ihm liegt vor allem daran, Produkte aus der Region zu verarbeiten. Bei ihm habe ich das beste Wiener Schnitzel meines Lebens gegessen, mit gebackener Petersilie und Preiselbeeren oder mit Kartoffel- und Gurkensalat. Natürlich haben sie hier eine spannende Weinkarte. *Hauptgerichte etwa 16 bis 28 €.*

4,5 km | 9 Min.

Victor-Hugo-Ufer 1, 55116 Mainz,
Tel. 06131 1438700, E-Mail: bootshaus@frank-buchholz.de,
www.bootshausmainz.de.

Favorite Parkhotel Mainz €€€

Das moderne 4-Sterne-Hotel wird von Familie Barth hervorragend geführt. Zum Hotel gehört neben der schönen Schwimmbadlandschaft mit Sauna und Fitnessbereich vor allem ein breit gefächertes gastronomisches Angebot. Das Küchenteam unter der Leitung von Tobias Schmitt ist jung und innovativ und wurde mit einem Michelin-Stern bedacht. Wenn Sie es lieber etwas rustikaler mögen, haben Sie die Möglichkeit, regional in der Favorite Weinbar oder im Sommer im Biergarten zu essen. Ich habe da natürlich gleich den Mainzer Handkäs mit Musik im Sinn … *Doppelzimmer mit Frühstück ab etwa 168,50 €.*

2,9 km | 5 Min.

Karl-Weiser-Straße 1, 55131 Mainz,
Tel. 06131 80150, E-Mail: empfang@favorite-mainz.de,
www.favorite-mainz.de.

FÜR ENTDECKER Von Bodenheim ist es nur einen Katzensprung nach Mainz. Der romanische Dom ist natürlich Pflichtprogramm. Erkundigen Sie sich beim Tourismusbüro nach einer Stadtführung. Hochinteressant sind auch die Überreste aus römischer Zeit, etwa das Römische Theater oder die Große Mainzer Jupitersäule.

15

A 63 Ausfahrt Klein-Winternheim

WEINGUT EVA VOLLMER

Powerfrau mit Doktortitel

Erst im Jahr 2007 hatte die Jungwinzerin ihr eigenes Weingut gegründet beziehungsweise einen eigenen Wein ausgebaut – und wurde prompt wegen ihrer herausragenden Weine als Jungwinzerin des Jahres gefeiert. Als ob sie mit dem neuen Weingut nicht genug Arbeit hätte, erwarb sie ganz nebenbei noch einen Doktortitel. Mit ihrer strahlenden und souveränen Art konnte sie auch ihren Mann Robert Wagner überzeugen, in den Weinbereich zu wechseln. Beständig erweiterten die beiden die Rebflächen auf elf Hektar, die sie ökologisch bewirtschaften. Ein Lieblingsthema der Powerfrau sind die Zukunftsweine – Weine aus pilzwiderstandfähigen Reben. Sie hat sogar einen eigenen Verband gegründet. Klares Ziel: Die Weine sollen charaktervoll sein und ihre Handschrift widerspiegeln. Mittlerweile haben sie eine 5000 Quadratmeter große Parklandschaft (den „Genussgarten“) vor ihrer Vinothek KostBar errichtet. Dort wollen sie Weinpicknicks veranstalten. Schon allein das ist ein guter Grund, an dieser Autobahnausfahrt den Blinker zu setzen.

9,2 km | 10 Min.

Nieder-Olmer-Straße 65, 55129 Mainz-Ebersheim, Tel. 06136 46472, E-Mail: info@evavollmer-wein.de, www.evavollmer-wein.de.

Die Weine €

Das Weingut ist weithin bekannt für seine exzellenten Weißweine! Interessant sind vor allem die Zukunftsweine, wie Souvignier Gris – kräuterig und frisch im Duft, am Gaumen imponiert er mit seiner lebendigen Art und intensiver Frucht. Die Cuvée *Wendehammer* erinnert mit seinen Aromen an rote Johannisbeeren und Holunderblüten sogleich an einen Sauvignon Blanc. Alles was er in der Nase verspricht, hält er auch am Gaumen. Der Rosé *Botenstoff* strotzt im Duft mit seinen roten Früchten – denken Sie an Cranberries. Trinkt sich köstlich mit seiner sehr leichten Art …

Wein Wirtschaft Hotel – Das Crass € €

Gelebte Gastlichkeit in Rheinhessen – an diesem Motto dürfen alle Gäste das Team messen: sowohl im Restaurant sowie bei Veranstaltungen als auch im Hotel. Die rheinhessische Weinspezialitäten von regionalen Winzern – sehr breit aufgestellt mit über 50 Weinen im offenen Ausschank –, eine handwerklich wirklich fundierte, saisonal geprägte Küche und die gemütlichen Zimmer überzeugen einfach jeden. Hier lässt sich das Beisammensein perfekt genießen … Das Crass bietet liebevoll zubereitete Speisen einer ambitionierten und frischen Landhausküche sowie vollmundige Entdeckungen von rheinhessischen Reben und geruhsamen Komfort in den geschmackvoll ausgestatteten 18 Zimmern. Einfach zum Wohlfühlen. Alle öffentlichen Bereiche des Hauses sind barrierefrei zugänglich.

6,4 km | 6 Min.

Pariser Straße 129, 55268 Nieder-Olm,
Tel. 06136 814480, E-Mail: info@dascrass.de,
www.das-crass.de.

me and all hotel mainz € €

In der besten Lage in der Innenstadt von Mainz hat im Jahre 2018 das supermoderne me and all Boutique Hotel eröffnet. Es wird von der Gruppe World of Hyatt betrieben. Ob Altstadt, Wochenmarkt oder Mainzer Dom – alles lässt sich vom Hotel aus fußläufig erreichen. Die Zimmer – im wahrsten Sinne echt mega chillig – sind toll gestaltet, das Restaurant wirkt wie ein urbanes Wohnzimmer, auch ein kleiner SPA-Bereich sowie ein Fitnessbereich stehen zur Verfügung. Eine super Abwechslung ist das Restaurant Tiqui Taco – mit Mexican Soul Food und danach einen Drink an der Bar … *Doppelzimmer mit Frühstück ab 149 €.*

11,4 km | 11 Min.

Binger Straße 23, 55131 Mainz,
Tel. 06131 894460, E-Mail: contact.mainz@meandallhotels.com,
www.hyatt.com.

16

A 60 Ausfahrt Ingelheim-West

WEINGUT JOACHIM BETTENHEIMER

Charaktervolle Spätburgunder

Nachdem Jens Bettenheimer sein Studium in Geisenheim abgeschlossen und acht Monate bei der Fromm Winery in Neuseeland gearbeitet hatte (die dortigen Pinot noirs gehören zu den besten des Landes), kehrte er 2005 in den elterlichen Betrieb zurück. Seither arbeitet er sehr akribisch, viele Weine werden nach langer Maischestandzeit spontan vergoren und klassisch im Holzfass – im 300 Jahre alten Holzfasskeller – ausgebaut. Das Resultat sind entsprechend charaktervolle Weine. Im Weinberg richtet er seine Arbeiten nach den Mondphasen aus und achtet die Natur mit ihren vielen Facetten. Außerdem hat die Familie einen schönen Gutsausschank gestaltet, im ehemaligen Kuhstall, unter einem alten Kreuzgewölbe. Ein Muss ist der Handkäs mit Musik mit einem Glas Silvaner oder eine Auswahl rheinhessischer, nach dem Vorbild spanischer Tapas kreierter Happen als Vorspeise. Und: Wenn Sie ein Glas zu viel probiert haben – es gibt auch Zimmer und eine Ferienwohnung.

4,8 km | 8 Min.

Stiegelgasse 32, 55218 Ingelheim am Rhein, Tel. 06132 3041, E-Mail: info@weingut-bettenheimer.de, www.weingut-bettenheimer.de.

Die Weine €€

Über viele Jahre galt Ingelheim als die Rotweinstadt. Eine der Legenden besagt, dass hier, nahe der Kaiserpfalz, die deutsche Wiege des Spätburgunders lag. Wenn Sie erst die Spätburgunder mit ihrer unglaublichen Kräuterwürze verkostet haben, glauben Sie an die Rotweine in Rheinhessen. Aber Bettenheimer macht auch hervorragende Weiß- und Grauburgunder oder PIWIs wie Souvignier Gris. Kultstatus hat sein Riesling *Hundertgulden Großes Gewächs* oder seine sehr individuellen Weine *inspired by nature!*

Restaurant Zollamt in Bingen €

Das alte Zollamt befindet sich im wunderschönen denkmalgeschützten Anwesen des ehemaligen großherzoglichen Hauptsteueramtes. Mit wechselvoller Geschichte wurde es bis zum Jahr 2008 als Dienststelle genutzt. Im Zuge der Landesgartenschau 2008 wurde das Rheinufer komplett umgestaltet und dabei auch das ehemalige Steueramt zur tollen Gastro-Location umgebaut. Aktuell neu gebaut haben sie im zweiten Stock ihren Weinsalon – mit einem riesigen Weinklimaschrank! Geschätzt werden in ihrer Amts– und Vorstandstube vor allem die Fleischgerichte, auf einem speziellen Grill aus den USA (800°C Hitze) zubereitet. Sie haben echt die Qual der Wahl, wenn es um die Entscheidung geht, ob Irish Dry Aged Beef, japanisches Kobe oder Wagyu! Die Weinkarte ist ebenfalls mit den besten Tropfen aus dem In- und Ausland bestückt. *Hauptgerichte ab 11 €.*

11,2 km |12 Min.

Hafenstraße 3, 55411 Bingen am Rhein,
Tel. 06721 1869666, E-Mail: info@zollamtbingen.de,
www.zollamtbingen.de.

Wasems Weinhotel €

Hand in Hand kümmern sich mittlerweile die junge Generation mit Julius und Philipp Wasem um das Weingut. Für das Kloster mit Gastronomie, Veranstaltungs- und Tagungsräumen zeichnet sich Gerhard Wasem verantwortlich. Zudem bieten sie regelmäßig Events rund um den Wein an, wie ihr Hoffest, After Work, Weinverkostungen etc. Im Restaurant kredenzen sie regional und saisonal wechselnde Speisen! Bei schönem Wetter können Sie die weingutseigenen Weine auf der sonnigen Terrasse im Klosterhof genießen. Ansonsten tafeln die Gäste unter schönen alten Kreuzgewölben und übernachten in unmittelbarer Nähe zum Kloster in geschmackvoll gestalteten Zimmern. Teilweise haben die Zimmer auch eine schöne Terrasse dabei. *Doppelzimmer mit Frühstück ab 149 €.*

4,7 km | 9 Min.

Edelgasse 15, 55218 Ingelheim,
Tel. 06132 2304, E-Mail: reservierung@wasem.de,
www.wasem.de.

17 A 61 Ausfahrt Gau-Bickelheim

WEINGUT WAGNER-STEMPEL

Mit Pionierarbeit zurück zum Weltruf der Lagenrieslinge

Unter der Leitung von Daniel Wagner ist das alteingesessene Weingut – mittlerweile in neunter Generation – ganz an die Spitze der deutschen Weine gerückt. Entsprechend wurde der Winzer im Jahr 2009 im Gault Millau als Aufsteiger des Jahres gefeiert. Er knüpft an eine große Vergangenheit an: Vor 70 Jahren galten die Weine aus den Lagen des Höllbergs und Heerkretz als gleichwertig mit den großen Rheingauer Lagen. Durch Daniel Wagners Akribie haben diese Rieslinge ihren großen Ruf zurückbekommen. 2005 stellte Daniel Wagner schon auf Bioanbau um, damit er die Typizität seiner Weinberglagen noch deutlicher zum Ausdruck bringen kann. Auch architektonisch hat das Gut seinen Charme. Wunderschön mutet der idyllische Innenhof an, mit romantischen Bruchsteinmauern, Oleanderbüschen und der großen Kastanie.

7,5 km | 10 Min.

**Wöllsteiner Straße 10, 55599 Siefersheim,
Tel. 06703 960330, E-Mail: info@wagner-stempel.de,
www.wagner-stempel.de.**

Die Weine €€

Wagners Weine sind bekannt für ihre klare, kernige und ehrliche Art. Neben großartigen Rieslingen, wie *Siefersheim Riesling vom Porphyr trocken* – ein sehr kraftvoller, markanter, unglaublich vielschichtiger Riesling, bei dem Sie regelrecht den Boden schmecken und den Sie lange im Nachhall spüren –, bis hin zum Großen Gewächs mag ich besonders die sehr floralen Silvaner und den knackigen Sauvignon blanc. „Geniale Weine aus einer der schönsten unbekannten Landschaften Deutschlands, die eine vibrierende Frische und kaleidoskopische Aromen besitzen", schrieb Weinpapst Stuart Pigott.

Gästehaus Weingut Meyerhof €€

Das Herzstück des netten Familienweinguts ist die lichtdurchflutete Vinothek. Dort können Sie am Wochenende die hauseigenen Weine verkosten und auch eine geführte Verkostung mitmachen. Nahezu jeden Freitag findet um 17.30 Uhr die „Weinprobe mit Flammenkuchenabend" statt. Im Winter wird die Verkostung samstags unter dem Motto „Wein meets Schokolade" angeboten. Ich finde es eine tolle Idee, mit Freunden eines ihrer Arrangements zu genießen (Rheinessenauszeit, Weinerlebniswochenende oder Traubenlese-Wochenende) – natürlich inklusive Übernachtung.
Doppelzimmer mit Frühstück ab 120 €.

15 km | 12 Min.

Meyerhof, 55237 Flonheim,
Tel. 06734 8714, E-Mail: info@weingut-meyerhof.de,
www.weingut-meyerhof.de.

Weingut und Landhotel Strubel-Roos €€

Angeschmiegt an das Weingut Strubel-Roos und an die historische Stadtmauer finden Sie in Flonheim das Landhotel im Klostereck, das die Familie Roos seit 2006 im mediterranen Stil ausbaute. Die Zimmer sind liebevoll und komfortabel eingerichtet (Great Wine Capitals Award Beste Unterkunft 2016/17, www.greatwinecapitals.de). Versuchen Sie, eines der Doppelzimmer im romantischen, historischen Tagelöhnerhäuschen zu bekommen. Den Tag beginnen Sie mit dem reichhaltigen Schlemmerbüffet zum Frühstück. Apropos, am Wochenende ist Weincafé mit köstlichen Kuchen einfach Kult! Danach bietet sich eine kleine Wanderung in die Weinberge an. Oder Sie gehen direkt zur Weinprobe in das angeschlossene Weingut, wo nicht weniger als 21 verschiedene Rebsorten angebaut werden! Vielleicht interessiert Sie ja auch die hauseigene Sektproduktion ... *Doppelzimmer mit Frühstück ab 120 €.*

9 km | 13 Min.

Klostereck 7, 55237 Flonheim,
Tel. 06734 962422, E-Mail: info@strubel-roos.de,
www.strubel-roos.de.

18

A 61 Ausfahrt Gundersheim

WEINGUT WITTMANN

Weltweit gefragte Rieslinge!

Die englische Tageszeitung The Guardian hat gerade geschrieben, dass die deutschen Rieslinge die aufregendsten der Welt sind! Das ist vor allem auch dem Weingut Wittmann zu verdanken! Seit vielen Jahren besticht das Familienweingut mit seiner Qualitätsphilosophie. So hat es schon in den 80er-Jahren konsequent auf ökologischen Weinbau umgestellt beziehungsweise 2004 auf Biodynamie. Günter Wittmann war in den 80er- und 90er-Jahren legendär – Sohn Philipp (der übrigens mit der Winzerin Eva Clüsserath – mit eigenem Weingut an der Mosel – verheiratet ist) ist für seine ausgezeichneten Rieslinge auf der ganzen Welt bekannt. In letzter Zeit hatte ich die Gelegenheit, einige gereifte Rieslinge der Wittmanns zu verkosten – ein tolles Erlebnis! Selbst nach 15 Jahren präsentieren sich die Weine noch so jung, fruchtig und klar, dass man ihnen ihr wirkliches Alter niemals zutrauen würde. Ein richtiges Kleinod ist der parkähnliche Garten des Guts. Dort wachsen sogar exotische Bäume und Pflanzen; man fühlt sich dort ganz verzaubert.

4,5 km | 6 Min.

**Mainzer Straße 19, 67593 Westhofen bei Worms,
Tel. 06244 905036, E-Mail: info@wittmannweingut.com,
www.weingutwittmann.de.**

Die Weine €€€

Die Weine, vorwiegend Rieslinge und Weißburgunder, sind so strahlend und fruchtig – sie kommen mir wie Bilderbuchweine vor. Natürlich hat das Weingut in seinem Sortiment auch köstlichen Rosé und Grauen Burgunder – die sich jederzeit unkompliziert trinken lassen. Die großen Rieslinge (gehören zu den besten der Welt!) und Burgunderweine sind leider meist ausverkauft, da muss man sich rechtzeitig kümmern ...

Gästehaus Weingewölbe €€

Im Eventhof und Gästehaus Weingewölbe lautet die Devise: entspannen – leben – feiern. Wunderschön, individuell und ganz unterschiedlich sind ihre gestalteten Themenzimmer, zum Beispiel benannt nach Lavendel, La Provence, Sonnenblumen oder auch ein extra Hochzeitszimmer. Am liebsten möchte man hier gleich mehrere Nächte bleiben und die entspannen. Wenn Sie das Gästehaus Weingewölbe mit Ihrer Familie oder mit Freunden besuchen, können Sie bereits ab sechs Personen auch ein individuelles Menü bestellen. Der wunderschöne Eventgarten, der Gewölbekeller und die Eventscheune bieten Platz für Festivitäten bis zu 130 Personen. *Übernachtungen im Doppelzimmer mit Frühstück ab etwa 115 €.*

3,1 km | 4 Min.

Alzeyer Straße 2, 67593 Bermersheim bei Worms, Tel. 06244 5242, E-Mail: info@weingewoelbe.com, www.weingewoelbe.com.

Gut Leben am Morstein €€€

Mitten im historischen Ortskern von Westhofen liegt das wunderschöne historische Anwesen, eine imposante Villa, sie gleicht eher einem Schlösschen mit ehemaligen Wirtschaftsgebäuden und schönem Garten. Dank den verschieden großen Räumlichkeiten wird das Hotel auch gerne für größere Veranstaltungen (insbesondere Hochzeiten) oder Tagungen genutzt. Dort zu übernachten ist ein wirkliches Erlebnis. Zwei Gebäudekomplexe sind aus dem 17. Jahrhundert – die Zimmer wurden mit viel Gefühl saniert und gutem Geschmack ausgestattet. Sie strahlen auch eine besondere Atmosphäre aus – Flair und Charme aus Adelszeiten. Aktuell wurden 25 weitere Zimmer neu geschaffen, die liebevoll in die bestehenden Gebäudekomplexe integriert sind. Von Mittwoch bis Sonntag können Sie sich auch in ihrem Fine Dining verwöhnen lassen. *Doppelzimmer mit Frühstück ab 149 €, Frühstück 15 €.*

3,8 km | 6 Min.

Mainzer Straße 8-10, 67593 Westhofen, Tel. 06244 9198660, Mobil: 0160 99262662, E-Mail: gutleben@am-morstein.de, www.am-morstein.de.

19 A 61 Ausfahrt Worms/Wörrstadt

SEKTHAUS RAUMLAND

Deutschlands höchstprämierte Schaumweine!

Ohne Übertreibung bekommen Sie hier die besten Sekte Deutschlands! Obwohl Volker Raumland mit seinem Sektgut erst im Jahr 1984 begonnen hatte, konnte er sich schnell einen legendären Ruf erarbeiten – auch international! Damals war es eine wirklich mutige Entscheidung, ausschließlich auf Sekt zu setzen. Mittlerweile wird das Sekthaus von einem tollen „Dreigespann“ geführt: von Volker Raumland mit seinen Töchtern Katharina und Marie-Luise. Die beiden Töchter haben bei den renommiertesten Weingütern im In- und Ausland Erfahrungen gesammelt – und wie ihr Vater ein Weinbaustudium abgeschlossen. Die Weinkenner wissen auch, dass viele namhafte Weingüter ebenfalls bei Familie Raumland ihre Sekte ausbauen lassen. Wie ein „i-Tüpfelchen" fügt es sich, dass ihr höchstbewerteter Sekt *Triumvirat* heißt! Ein Stopp in der schönen Villa aus der Gründerzeit lohnt sich jederzeit. Ganz aktuell haben Raumlands 300 Meter von der Vinothek entfernt eine wunderschöne Penthouse-Wohnung geschaffen – ein wahrer Traum zum Übernachten.

7,3 km | 8 Min.

Alzeyer-Straße 123c, 67592 Flörsheim-Dalsheim, Tel. 06243 908070, E-Mail: info@raumland.de, www.raumland.de.

Die Weine €€

Eine Besonderheit ist ihre *Cuvée Katharina,* als Brut nature ausgebaut. Obwohl ohne jegliche Restsüße präsentiert sich der Prickler sehr balanciert, puristisch mit feiner Säure und Aromen von Roten Johannisbeeren und Brioche. Wer es lieber etwas fruchtiger mit feiner Würze mag, sollte den *Cuvée Marie-Luise Brut* probieren ...

Vinothek und Weingut Velis €€

Rheinhessen meets Bulgarien. Ein Zufall brachte den aktiven Geschäftsmann Michael Zehe mit seiner Frau Velichka im Jahr 2009 in die bulgarische Weinregion im Oberthrakischen Tal. Spontan entschied er sich, dort neue Weinberge anzulegen. 2014 kamen seine ersten großen Rotweine auf den Markt. Da Michael Zehe nicht zu bremsen ist, entschloss er sich im Jahr 2019, Weinberge in Flörsheim-Dalsheim zu erwerben. Daraus entstanden ist aktuell ein tolles neues Hingucker-Weingut mit toller Vinothek und einer wunderschönen Gartenanlage! Da bekanntlich Wein und Essen die perfekte Verbindung ist, bieten sie in der Vinothek feine Köstlichkeiten zum Wein. Fisch- und feine Fleischgerichte sowie vegetarische Spezialitäten stehen auf der Speisekarte. Die Fleischgerichte unbedingt in der Verbindung mit einem Glas Syrah aus Bulgarien genießen! Sie können auch die Stellplätze für Wohnmobile zu 15 € die Nacht nützen (beim Kauf von 2 Kisten Wein werden diese wieder gutgeschrieben).

5,8 km | 6 Min.

Am Trappenberg 4, 67592 Flörsheim-Dalsheim, Tel. 06243 4575359, E-Mail: info@velis-vineyards.com, www.velis-vineyards.com.

Tacheles Landrestaurant €

Köstliche Wildgerichte von Küchenchefin Diana Schmitt, dazu Weine vom eigenen Demeter-Weingut lohnen einen Stopp im Tacheles Landrestaurant jederzeit! Diana Schmitt sammelte Erfahrungen in den besten Restaurants, wie im Zur Krone in Herxheim-Hayna, bei den Gebrüdern Meurer in Großkarlbach und im Restaurant Spielweg bei Karl-Josef Fuchs. Als passionierte Jägerin zaubert sie mit ihrem selbst erlegten Wild eine fantastische regionale Küche! Idealerweise buchen Sie gleich noch ein Zimmer im liebevoll renovierten denkmalgeschützten Gästehaus. Wenn Ihr Besuch aufs Wochenende fällt, empfehle ich Ihnen, sonntags nach einem ausgiebigen Frühstück noch das Wingertsheisje (Weingutshäusle) von Familie Schmitt auf ein Glas Wein oder Traubensaft zu besuchen. *Doppelzimmer mit Frühstück ab 98 €.*

5,6 km | 6 Min.

Weedenplatz 1, 67592 Flörsheim-Dalsheim, Tel. 06243 8515, E-Mail: info@tacheles-landrestaurant.de, www.tacheles-landrestaurant.de.

20

A 6 Ausfahrt Grünstadt

WEINGUT METZGER

Kultige Etiketten

Jeder, der das Etikett mit dem Bullen und seinen Fleischcuts gesehen hat, erkennt das Weingut Metzger sofort wieder! Seine Weine erfreuen sich großer Beliebtheit. Dass die Weine als hervorragende Begleiter vor allem zu verschiedenen Fleischgerichten passen, lässt sich schnell nachvollziehen. Obwohl das Weingut Metzger eine hundertjährige Tradition hat, war Uli Metzger der Revoluzzer in der Familie. Sukzessive vergrößerte er das Weingut und erkannte schon frühzeitig, dass das besondere Mikroklima ideale Voraussetzungen für kraftvolle Rotweine bietet. So pflanzte er nicht nur typische Bordeauxsorten, wie Cabernet Franc, Cabernet Sauvignon oder Merlot, sondern auch die typisch spanische Sorte Tempranillo. Seit einigen Jahren bildet die Familie mit den beiden Töchtern Nane und Lea ein Spitzenteam. Während Nane sich mit ihrer Mutter Karin um den Verkauf kümmert, hat Tochter Lea mit ihrem Ehemann Martin das Zepter im Keller übernommen. Ihre Weine werden in eine eigene Klassifikation unterteilt: Filet (steht für die besten Weine), Pastorenstück (Mittelklasse) und Flanke (Basis).

3,2 km | 8 Min.

Langgasse 34, 67269 Grünstadt-Asselheim, Tel. 06359 5335, E-Mail: info@weinmetzger.de, www.weinmetzger.de.

Die Weine €€

Vom Basis-Grauburgunder bis hin zu ihren Spitzen-Pinot-noirs ist wirklich für jeden Geschmack etwas dabei. Das jüngere Publikum greift eher zu den Cuvées, wie *Kleiner Schwarzer* oder *Metzger Rot*. Genial finde ich vor allem ihren Roséwein *Grand Hog*.

Knipser's Halbstück €€

Immer eine Reise wert: Knipser's Halbstück in Bissersheim. Im Jahre 2014 eröffnete das Weingut Knipser seine Gastwirtschaft mit Weinstube und Weinverkauf – eine tolle Kombination in historischem Ambiente. Ganz aktuell hat der Elsässer Spitzenkoch Christian Rubert mit seiner Frau Laura die Leitung dieser sympathischen Location übernommen. Er ist kein Unbekannter in der Region, viele Jahre stellte er schon in seinem ehemaligen Restaurant Karlbacher in Großkarlbach sein Können unter Beweis. Der Stil der Küche ist inzwischen mehr an eine elsässische Brasserie angelehnt – dazu eine große Auswahl nationaler und internationaler Weine. Sie haben auch Ferienwohnungen zu vermieten ...

3,2 km | 5 Min.

Hollergasse 2, 67281 Bissersheim,
Tel. 06359 9459211, E-Mail: info@halbstueck.de,
www.halbstueck.de.

Hotel Alte Pfarrey €€

Wie ein König wohnen Sie in einem der elf außergewöhnlichen Zimmer. Ob im Fürstenzimmer, Hochzeitszimmer oder auch in einem „normalen" Zimmer, alle sind sie geräumig und könnten auch in einem Schloss integriert sein. Das zum Haus gehörende Gourmetrestaurant ist seit vielen Jahren hoch angesehen. Im wunderschönen Wintergarten mit Blick auf das alte Gemäuer fühlen Sie sich dem Alltag entrückt. Die mit einem Michelin-Stern ausgezeichnete Küche von Maik Gehrke verführt Sie mit Pfälzer Frühlingsgemüse mit gebackenem Bio-Eigelb und Trüffel oder Suprême vom Schwarzfederhuhn mit Spargel, Kartoffelespuma und Thymianjus. *Doppelzimmer mit Frühstück ab etwa 140 €.*

5,2 km | 10 Min.

Untergasse 54, 67271 Neuleiningen,
Tel. 06359 86066, E-Mail: info@altepfarrey.de,
www.altepfarrey.de.

FÜR ENTDECKER Wandern auf dem „Höllenpfad": Durch vier Weinbergslagen rund um Grünstadt führt dieser gemütliche, knapp sechs Kilometer lange Weg. Schon landschaftlich ist er sehr lohnend und an bestimmten Terminen bauen Weingüter entlang der Route ihre Stände auf und bieten Wein und kleine Schmankerl an (www.gruenstadt.de).

---

21 A 650 Ausfahrt Maxdorf

WEINGUT KNIPSER

Das deutsche Rotweinwunder ...

... ist eine Bezeichnung, die auf die Knipsers absolut zutrifft. Die beiden Brüder – Werner als Kellermeister, Volker im Vertrieb – stellten schon in den 80er-Jahren die Weinwelt auf den Kopf. In einer Zeit, in der deutsche Rotweine noch als zu dünn und hellfarbig abgetan wurden, warteten sie mit kraftvollen Weinen auf, die internationalen Gewächsen in nichts nachstanden. Weitsichtig wie sie waren, hatten sie schon früh internationale Rebsorten wie Cabernet Sauvignon, Merlot oder Syrah gepflanzt. Dass sie nach wie vor stets einen Schritt voraus sind, dafür sorgt Werner Knipsers Sohn Stephan, der schon einige Jahre als Inhaber wie auch als Kellermeister im Betrieb tätig ist. Ihm liegt daran, die Lagen mit ihren unterschiedlichen Stilistiken herauszuarbeiten sowie langlebige Weine zu produzieren. Wenn ein Wein (auch ein Weißwein) nach fünf, sechs oder mehr Jahren so richtig zur Hochform aufläuft – das macht für mich einen großen Wein aus. Besuchen Sie doch die 2011 entstandene Vinothek oder, wenn Sie hungrig sind, Knipser's Halbstück (eine Weinstube mit Verkauf) in Bissersheim.

10,4 km | 12 Min.

Hauptstraße 47, 67229 Laumersheim,
Tel. 06238 742, E-Mail: mail@weingut-knipser.de,
www.weingut-knipser.de.

Die Weine €€€

Das Flaggschiff, die *Rotwein-Cuvée X*, ist immer wieder ein gigantisches Erlebnis: dunkelfarbig, fleischig, im Duft an Thymian und Rosmarin erinnernd. Ein Knaller mit exotischen Fruchtaromen ist der *Sauvignon Blanc* zu 10,30 €. Ein charmanter Gaumenschmeichler ist die *Cuvée Weißburgunder & Chardonnay*.

Restaurant Atable im Boutiquehotel Amtshaus in Freinsheim €€€

Wenn man an die Gastgeber Sybille und Swen Bultmann denkt, hat man das absolute Gastronomen-Traumduo vor sich! Bevor sie das wunderschöne Amtshaus übernommen haben, hatten sie sich über acht Jahre einen respektvollen Namen in Ludwigshafen erarbeitet. Sybille gehört zu den besten Sommelièren der Republik – und weiß mit ihren Weinempfehlungen immer wieder positiv zu überraschen. Swen hatte vor seiner Selbstständigkeit in ausgezeichneten Restaurants gearbeitet, wie bei Steinheuer in Bad Neuenahr, Landhaus St. Urban, La Vie, Restaurant Dieter Müller etc. Zu den französisch inspirierten Gerichten gibt es auch immer einen passenden Wein glasweise. Da lohnt es sich, die Übernachtung im hübschen Barockzimmer gleich mit einzubuchen.

8,5 km | 12 Min.

Hauptstraße 29, 67251 Freinsheim, Tel. 06353 5019355, E-Mail: info@amtshaus-freinsheim.de, www.amtshaus-freinsheim.de.

Hotel Morrhof €€€

Manch einer kennt das Anwesen noch unter dem Namen Gebrüder Meurer. Im Jahr 2020 hat das Ehepaar Morr mit seinen Kindern das Ensemble aus Gebäuden übernommen. Es stehen 32 individuell edel toskanisch ausgestattete Zimmer für eine Übernachtung bereit. Alles ist in einen romantischen mediterranen Park eingebettet, in dem zwischen Zypressenalleen, Rosen und Gartenmauern stolze Pfauen flanieren. Ein fantastischer Spa-Bereich entzieht Sie dem Alltag. Es gibt sogar eine Badehaus- und Gartensuite mit eigenem Pool.

4,4 km | 7 Min.

Hauptstraße 77, 67229 Großkarlbach, Tel. 06238 7594026, E-Mail: contact@morrhof.com, www.morrhof.de.

FÜR ENTDECKER Unweit von Maxdorf, bei Gönnheim an der „Gänsewiese“, wurden Spuren spätantiker römischer Siedlungen und ein römisches Gräberfeld entdeckt. Eindrucksvolle steinerne Sarkophage und zahlreiche Grabbeigaben sind in einem Freilichtmuseum zu bewundern.

22

A 650 Ausfahrt Friedelsheim

WEINGUT PFEFFINGEN

Sensationell fruchtige Weißweine

Malerisch eingebettet inmitten von Rebgärten, in denen es von Funden aus der Römerzeit nur so wimmelt, liegt das sehr nette, wirklich bodenständige Weingut der Familie Eymael. Karin und Jan – beide haben sie Önologie in Geisenheim studiert und Erfahrungen in Bordeaux, Kalifornien und Australien gesammelt – bilden ein starkes Team. Mutter Doris ist ebenfalls noch fest im Betrieb eingebunden und die drei Kinder sorgen für Lebendigkeit. Als Doris 1987 den Betrieb eigenverantwortlich übernahm, gehörte sie zu den ersten großen Weindamen Deutschlands. Und ihre Weine – vor allem Riesling und Scheurebe – sind mittlerweile so beliebt, dass sie teilweise in der Subskription angeboten werden (das heißt: Sie kaufen den Wein nicht erst, wenn er abgefüllt ist, sondern ordern und bezahlen ihn bereits im Vorfeld, um sich einen Anteil der begehrten Flaschen zu sichern). Ein solches Vorgehen kennt man sonst vor allem bei Weinen aus Bordeaux. Seit 2019 ist das VDP Weingut bei Fair'n Green zertifiziert.

5,2 km | 6 Min.

Pfeffingen 2, 67098 Bad Dürkheim, Tel. 06322 8607, E-Mail: info@pfeffingen.de, www.pfeffingen.de.

Die Weine €€

Sagenhaft und einzigartig ist die *Scheurebe SP trocken* (18,90 €) von über 30 Jahre alten Reben. Der Wein zeigt eine immense Konzentration und erinnert im Duft an Johannisbeere, Papaya, Zitrusfrucht und leichte Vanille – er wurde im Barrique ausgebaut. Alles, was er im Duft verspricht, hält der Wein auch am Gaumen und er bleibt noch lange im Nachhall. Ein regelrechter Bilderbuchwein ist auch der *Riesling Terra Rossa Ungestein trocken* – mineralisch, kräuterig, würzig mit feiner Fruchtigkeit.

Hofgut Gönnheim €€

Das Hofgut Gönnheim gehört zu den ältesten Familienweingütern in der Pfalz und wird heute von Lucas Kesselring betrieben. Vor allem das Restaurant von Marco Grenningloh kann ich Ihnen ans Herz legen. „Fleisch ist seine Leidenschaft", werden Sie feststellen, wenn Sie erst einmal sein Dry Aged Beef aus der Metzgerei Jürgen David in Worms probiert haben. Auch der täglich frisch gelieferte Fisch lässt Marco Grenninglohs langjährige Schaffenszeit in renommierten Sternerestaurants an der Nordseeküste schmecken. Der legendäre Schweinebauch als Vorspeise wird Sie begeistern. Aber auch Vegetarier und Veganer kommen auf ihre Kosten. Nach dem Motto „Alle an einem Tisch" wird für jeden liebevoll gesorgt. Dann noch die sehr große Weinauswahl! 240 Positionen von renommierten Winzern, warten darauf, mit Freu(n)de(n) genossen zu werden. Übernachten dürfen Sie hier in stilvoll eingerichteten Gästezimmern. Dort wurde eine tolle Symbiose zwischen Modernem und Antiquitäten geschaffen. *Hauptgerichte ab etwa 23 €.*

1,3 km | 3 Min.

Ludwigstraße 52, 67161 Gönnheim,
Tel. 06322 9886720, E-Mail: info@grenningloh.de,
www.hofgut-goennheim.de.

Hotel Annaberg €€

„Historische Gemütlichkeit trifft moderne Akzente" – auf dem Annaberg, inmitten der herrlichen Weinberge Bad Dürkheims, liegt das wunderschöne ehemalige Weingut. Hier liegt Romantik in der Luft, kein Wunder also, dass das Hotel Annaberg auch einen exzellenten Ruf als Hochzeitshotel hat. Ob nun mit der Hochzeitsgemeinschaft, als Kurzurlauber oder für sonstige Veranstaltungen: Es ist einer der schönsten Orte in der Pfalz. Das gemütliche hauseigene Restaurant Annaberg besticht durch seine sehr gut bestückte Weinkarte und der original Pfälzerküche, unter anderem mit dem Pfälzer Nationalgericht: Saumagen. *Doppelzimmer ab 89 €, plus Frühstück 18 €/Person.*

7,5 km | 9 Min.

Annabergstraße 1, 67098 Bad Dürkheim,
Tel. 06322 94000, E-Mail: annaberg@halbersbacher.de,
www.hotel-annaberg.de.

23

A 65 Ausfahrt Haßloch

WEINGUT DR. BÜRKLIN-WOLF

Rieslinge für die Ewigkeit

Wenn es um legendäre Weine geht, kommt mir das Weingut Dr. Bürklin-Wolf sofort in den Sinn. Die wirklich großen Rieslinge aus den Spitzenlagen in Deidesheim, Forst, Ruppertsberg und Wachenheim sind auf der ganzen Welt berühmt! Seit 1990 leitet Bettina Bürklin von Guradze die Geschicke des Weinguts. Vor allem imponiert mir, dass sie ihre 89 Hektar Rebflächen (das ist schon eine internationale Dimension!) seit 2005 komplett biodynamisch bearbeitet. Sie ist davon überzeugt, dass das der Qualität zugutekommt, und sie hat wahrlich recht! „Die Rückbesinnung auf das Terroir ist für uns nicht einfach ein Lippenbekenntnis, sondern Ausdruck des Respekts für unseren Boden und dessen Natur. Wir tun dies alles nicht nur für unseren heutigen Nutzen, sondern für den Erhalt dieser gottgeschenkten, natürlichen Ressource für weitere Generationen.“ Wunderbar ist eine Verkostung in der Vinothek im englischen Garten. Dort haben Sie die Möglichkeit, auf der Terrasse oder unter altem Baumbestand ein Glas Riesling in unvergleichlichem Ambiente zu genießen und den Blick frei in die Landschaft schweifen zu lassen.

10,6 km | 13 Min.

Ringstraße 4, 67157 Wachenheim an der Weinstraße, Tel. 06322 95330, E-Mail: vinothek@buerklin-wolf.de, www.buerklin-wolf.de.

Die Weine €€€

Von der einfachen Qualität, dem *Riesling trocken* zu 14 €, bis hin zu den Großen Gewächsen von 80 € bis 300 € sind es fulminante, große vielschichtige und tiefgründige Weine, die eine ungeheure Langlebigkeit besitzen! Ich habe schon viele dieser wundervollen Rieslinge erst nach zehn Jahren getrunken und sie wirkten noch immer jung und frisch – spätestens da spüren Sie die große Güte der Weine.

Weinstube im Weingut Eymann €

Gönnheim ist für mich ein Weindorf wie im Bilderbuch. Ich glaube, es gibt hier zehn oder mehr verschiedene Weingüter. Unbedingt probieren müssen Sie die Weine des Eymann, einem Pionier des ökologischen Weinbaus in der Region. Noch besser: Sie kehren in der Weinstube ein und kaufen anschließend noch ein paar Flaschen. Nicht selten lernen Sie noch einen netten Pfälzer kennen. Im Sommer lädt die grüne Terrasse zum Verweilen ein. Zum knackig-frischen Riesling müssen Sie unbedingt Eymanns Riesling-Weinsuppe probieren oder Rindfleischsalat mit Bratkartoffeln oder gar den beliebten Saumagen. Danach haben Sie bestimmt noch ein bisschen Platz, sodass Sie Eymanns Blätterteig-Rahmkuchen oder ihren hausgemachten Apfelstrudel versuchen können. *Hauptgerichte ab etwa 15 €.*

8,4 km | 10 Min. **Ludwigstraße 35, 67161 Gönnheim, Tel. 06322 2808, E-Mail: info@weinguteymann.de, www.weingut-eymann.de.**

Gartenhotel Heusser €€

Das heutige familiengeführte 4-Sterne-Superior-Wellness-und-Gartenhotel Heusser ist 1953 aus einer ehemaligen Obstplantage entstanden und hat sich durch aufwendige Erweiterungen in ein Wellnesshotel mit großzügiger Saunalandschaft, Außen- und Innenpool, vielen Ruhezonen und asiatischer Hotelgartenanlage entwickelt. Ein Restaurant mit großer Gartenterrasse lädt zum gemütlichen Schlemmen ein. Das 4-Gänge-Weinmenü mit zwei korrespondierenden Pfälzer Weinen pro Gang ist eine besondere Möglichkeit, die Vielfalt der Pfälzer Weine zu entdecken. *Doppelzimmer ohne Frühstück ab 129 €.*

14,8 km | 13 Min. **Seebacher Straße 50–52, 67098 Bad Dürkheim, Tel. 06322 9300, E-Mail: info@hotel-heusser.de, www.hotel-heusser.de.**

FÜR ENTDECKER Als Kontrastprogramm zur Weinkultur empfehle ich einen Abstecher in den Haßlocher Holiday Park: Neben Achter- und Wasserbahnen gibt es dort auf der Burg Falkenstein auch eine Reise ins Mittelalter, die sich selbst nicht allzu ernst nimmt (www.holidaypark.de).

---

24 A 65 Ausfahrt Deidesheim

WEINGUT REICHSRAT VON BUHL

Wunderschöne Vinothek – sieben Tage die Woche geöffnet

Schon im 19. Jahrhundert sprach man ehrfürchtig von den „drei großen B": Reichsrat von Buhl, Dr. Bürklin-Wolf (siehe S. 74) und Geheimer Rat Dr. von Bassermann-Jordan. Alle drei Weingüter schließen heute an die damaligen Glanzzeiten an. Ein großes Verdienst gebührt dabei der Familie Hüftlein-Seeger, die die beiden Weingüter Reichsrat von Buhl, Geheimer Rat Dr. von Bassermann-Jordan und das berühmte Weingut von Winning heute erfolgreich weiterführt. Größten Respekt muss man ihnen schon zollen, dass sie in die altehrwürdigen Gebäude vom Reichsrat von Buhl so viel investiert, umgebaut und modernisiert haben! So kann man sage und schreibe an allen sieben Tage der Woche ihre ausgezeichneten Sekte und große Rieslinge verkosten. Auf der Homepage werden Ihnen auch die ganzjährig angebotenen unterschiedlichen Weinproben angezeigt. Seit dem Jahr 2019 haben sie noch eine ganz besondere Errungenschaft: das Restaurant Sushi B. Sushi-Chef Piotr Suszek zaubert höchste Qualität für seine Gäste. Im Sommer sitzen Sie auf Ihrer wunderschönen Terrasse eingebettet inmitten des eigenen Parks. Mehr kann man sich wirklich nicht wünschen!

9,3 km | 14 Min. **Weinstraße 18–24, 67146 Deidesheim, Tel. 06326 965019, E-Mail: info@von-buhl.de, www.von-buhl.de.**

Die Weine €€€

Die Rieslinge und Sekte vom Weingut Reichsrat von Buhl sind legendär! Die jungen Konsumenten freuen sich über die moderne Linie *Bone dry* (auch als Rosé) – die einen fluoreszierenden, aus Früchten gestalteten Totenkopf auf dem Etikett trägt. Der knackig-frische *Deidesheimer Maushöhle* mit feinen Zitrusaromen macht Appetit auf mehr, legendär ist auch der einzigartige berühmte *Pechstein*, ein Großes Gewächs. Sie riechen regelrecht den dunklen Basalt, der den Boden durchzieht. Am Gaumen spüren Sie die Komplexität des Weines – gepaart mit großer Eleganz.

Restaurants im Deidesheimer Hof €€ und €€€

Helmut Kohl ließ keine Gelegenheit aus, vom Saumagen im Deidesheimer Hof zu schwärmen; entsprechend viele prominente Gäste haben hier getafelt. Ich kann es gut nachvollziehen. Das Essen im wunderbaren gewachsenen Betrieb ist in jedem Fall eine Reise wert. Zünftig geht es in der St. Urban Stube zu. Das Kanzlersüppchen, eine Rinderkraftbrühe mit Flädle und Sherry, stimmt Sie ein aufs pfälzer Leibgericht: Saumagen, Bratwurst und Leberknödel mit Weinkraut und Kartoffelpüree.

Hochdekoriert kocht Küchenchef Stefan Neugebauer im Restaurant Schwarzer Hahn. Er interpretiert Regionales so modern, wie Sie es zu Hause nie nachkochen könnten. Unbedingt müssen Sie sich vom Sommelier des Restaurants beraten lassen: Er kann Ihnen zu jedem Gericht den passenden Wein auf den Punkt genau empfehlen. Zum Übernachten gibt es in dem historischen Haus elegante Zimmer und Suiten. *Hauptgerichte in St. Urban ab etwa 17 €, im Schwarzen Hahn ab 44 €.*

9,1 km | 14 Min.

Am Marktplatz 1, 67146 Deidesheim,
Tel. 06326 96870, E-Mail: info@deidesheimerhof.de,
www.deidesheimerhof.de.

Hotel & Restaurant Ketschauer Hof €€€

2002 konnte der Unternehmer Achim Niederberger auch den Ketschauer Hof in sein Portfolio übernehmen. Der Kauf ging unmittelbar mit dem gegenüber gelegenen Weingut Geheimer Rat Dr. von Bassermann-Jordan einher. Aufwendigste Renovierungen wurden durchgeführt, 2009 folgte der Neubau eines luxuriösen Boutiquehotels. Die Zimmer und Suiten sind eine Augenweide und sehr elegant mit Designermöbeln ausgestattet. Exzellent sind die Restaurants L-A-Jordan mit einem Michelin-Stern und das Restaurant 1718 (auch beliebt für das unkompliziertes Mittagslunch). *Doppelzimmer mit Frühstück ab 240 €.*

9,2 km | 15 Min.

Ketschauerhofstraße 1, 67146 Deidesheim,
Tel. 06326 70000, E-Mail: info@ketschauer-hof.com,
www.ketschauer-hof.com.

A 65 Ausfahrt Neustadt an der Weinstraße-Nord

WEINGUT A. CHRISTMANN

Riesling vom Präsidenten

Den VDP (Verband der Deutschen Prädikatsweingüter) kann man nicht oft genug loben. Die 200 besten Winzer in Deutschland finden hier eine gemeinsame Plattform und der Verband hat den deutschen Weinen in den letzten Jahren ein großartiges Renommee verschafft. Steffen Christmann lenkt die Geschicke des VDP perfekt. Gleiches lässt sich auch für sein eigenes Weingut sagen, das er seit 2018 gemeinsam mit seiner Tochter Sophie leitet. Die Geisenheim-Absolventin sammelte zuvor Erfahrungen unter anderem bei Tim Fröhlich an der Nahe und Julian Huber im Breisgau und schloss dann noch den Master in Agriculture Economics in Berlin an. Mit 70% nimmt der Riesling auf den rund 20 Hektar Rebflächen den Löwenanteil ein. Christmanns spielen immer vorne mit, wenn es um die besten Rieslinge der Welt geht. Sie wollen nicht nur fruchtige Weine erzeugen, sondern das Terroir widerspiegeln und Mineralität zeigen – und das gelingt ihnen perfekt! Gleiches gilt auch für ihre ebenfalls outstanding superguten Weiß- und Spätburgunder.

6,9 km | 12 Min.

Peter-Koch-Straße 43, 67435 Gimmeldingen,
Tel. 06321 66039, E-Mail: info@weingut-christmann.de,
www.weingut-christmann.de.

Die Weine €€€

Großartig und unglaublich langlebig ist der *Idig Riesling Großes Gewächs*. Er hat so einen vielschichtigen Duft, erinnert an florale Aromen etwa an Veilchen, dann kommen würzige Aromen, und er wird immer cremiger. Am Gaumen spüren Sie seine muskulöse Art, er besitzt Tiefe ohne Ende und bleibt floral im Nachhall. Mit noch mehr Frucht ist der *Reiterpfad Riesling Großes Gewächs* ausgestattet – er duftet wie reife Mangos, kraftvoll und sehr konzentriert, am Gaumen setzt sich dann mehr Pfirsich durch. Aber auch die Weiß- und Spätburgunder können Sie in jeder Preisstufe kaufen – die Qualität ist immer konstant hoch.

Restaurant Haardter Winzer – la cucina mediterranea €

Das wunderschöne Backsteingebäude (fast wie ein kleines Schlösschen) in Neustadt-Haardt ist eine Augenweide. Was für eine gute Idee, dass darin ein schmuckes, modernes Restaurant eingerichtet wurde. Seit 2011 liegt die Leitung in Händen der österreichischen Vollblutgastronomin Ulrike Paul. Deshalb finden Sie neben regionalen Gerichten auch immer wieder Leckereien mit österreichischen Wurzeln auf der Karte: Pongauer Spinatknödel etwa oder Topfenknödel mit Marilleneis. Wie der Name des Restaurants vermuten lässt, verfügt die Weinkarte über ein sehr gutes Sortiment regionaler Winzer. Wenn Sie gleich im Anwesen bleiben wollen: Es gibt schöne, nicht zu teure Ferienwohnungen. *Hauptgerichte ab etwa 11 €.*

6,1 km | 10 Min.

Mandelring 7, 67433 Neustadt,
Tel. 06321 954008, E-Mail: Haardterwinzer@icloud.de,
ristorante-la-cusina-mediterranea-im-haardter-winzer.eatbu.com.

Netts Landhaus €€

Der bekannte Koch Daniel Nett aus Netts Landhaus hat sich in der letzten Zeit auf Catering spezialisiert und sich dabei einen exzellenten Ruf erarbeitet. In Netts historischem Landhaus finden Sie unterschiedlich, aber sehr sympathisch eingerichtete Zimmer, in denen Sie nächtigen können. Sieben davon gibt es im Barock- und Sandsteinhaus, weitere zwölf in der zauberhaften Arndorff'schen Mühle. Sehr schön sitzen Sie vor allem im Sommer auf der sehr gepflegten Terrasse mit Blick über die Rheinebene. Ich empfehle Ihnen, Fahrräder bei Ihrem Besuch mitzunehmen, dann können Sie durch die besten Weinlagen Deutschlands radeln und wunderschöne Weinstuben besuchen. *Doppelzimmer mit Frühstück etwa ab 140 €.*

6,5 km | 11 Min.

Meerspinnstraße 46, 67435 Neustadt-Gimmeldingen,
Tel. 06321 60175, E-Mail: nett@nettslandhaus.de,
www.nettslandhaus.de.

26

A 65 Ausfahrt Neustadt an der Weinstraße-Süd

WEINGUT BERGDOLT REIF & NETT

Kreative Spielwiese mit Concept-Weinen

Obwohl das Weingut schon in der fünften Generation von Christian Nett geführt wird, wirkt hier alles modern, frisch, cool und sehr wild! Es gibt beispielsweise den *Orange Wine Evil Twin, Nettswerk Chardonnay, Somersault, Glaube-Liebe-Hoffnung* und noch einige mehr ... Ein echter Hingucker sind die passenden, sehr verrückten, teilweise flippigen Kunstetiketten – es lohnt sich allein schon diese im Internet anzuschauen. Die Weine sind auch in ihrer Machart so, wie zum Beispiel angesagte Weinbars in Berlin es sich wünschen. Umgekehrt sind Netts aber auch bodenständig und arbeiten gerne wie zu Großvaters Zeiten. Im Jahre 2011 hatten sie sich entschlossen, ihre Toplagen ausschließlich mit Pferdekraft zu bearbeiten. Ihre Weiß-, Grau- und Spätburgunder aus der Lage Mandelberg zeigen sich charaktervoll mit Langlebigkeit. Dem Klimawandel geschuldet, haben sie in einigen Lagen den Riesling gegen Lagrein, Syrah, Merlot und Cabernet Sauvignon ausgetauscht.

13,7 km | 13 Min.

**Dudostraße 2, 67435 Duttweiler,
Tel. 06327 2803, E-Mail: info@weingut-brn.de,
www.nett-weine.de.**

Die Weine €

Das Sortiment bietet wirklich für jeden Weingenießer etwas. Fruchtig frisch und unkompliziert zeigt sich der Riesling *Glaube-Liebe-Hoffnung*. Ein echter Sommerwein, der seinem Namen tatsächlich gerecht wird, ist der Rosé *Swimming*. Wer es mehr traditionell mag, greift zum Grauburgunder *Tradition*. Ein neues Standbein des Weinguts sind die Reverse-Weine – entalkoholisierte Weine …

Weingut & Landhotel Lucashof €€

Weingut Lucashof in Forst gehört schon viele Jahre zu meinen persönlichen Favoriten – es lohnt sich, dort eine Weinprobe zu machen. Die Brüder Klaus und Hans Lucas haben rund 90% ihrer Reben mit Riesling bestockt und können entsprechend damit spielen, vom Alltagswein bis hin zum Großen Gewächs. Die Liebe zum Wein haben sie auch erfolgreich an ihre Kinder Philipp, Katrin und Victoria weitergegeben. Nach seinem Weinbaustudium in Geisenheim hat Philipp mit großem Erfolg das Zepter zu Hause übernommen. Ein echter Geheimtipp sind auch die sieben stilvollen, wunderschön mediterran gestalteten Doppelzimmer.

13,7 km | 13 Min.

Wiesenweg 1a, 67147 Forst a. d. Weinstraße,
Tel. 06326 336, E-Mail: landhotel@lucashof.de,
www.lucashof.de.

Restaurant Urgestein €€€ und Steinhäuser Hof €€

Ein kleines Refugium, das mit Ambiente, Speisen, erstklassigen Weinen und guter Musik alle Sinne anspricht, haben sich Sterneköchin Hedi und Hanno Rink geschaffen. Mit dem jungen, unglaublich kreativen und aufgeschlossenen Benjamin Pfeier in der Küche und Tanel Idil im Service wird der Besuch zu einem echten Highlight. Neben dem Überraschungsmenü „Urvertrauen“ oder dem edlen Menü „Meilenstein“ gibt es auch das vegetarische Menü „Grundstein“ mit Gerichten wie pfälzer Karotte in verschiedenen Zubereitungen, Kaviar des Feldes und geeister Meerrettich, glasierte Sellerieravioli mit Parmesan, Haselnuss und brauner Butter. Das Urgestein ist Herzstück eines historischen, mitten in Neustadt gelegenen Gebäudeensembles, des Steinhäuser Hofs. Dieser teilt sich in mehrere Fachwerkhäuser, dessen ältester Teil auf das Jahr 1276 zurückgeht. Im Ensemble ist auch ein Hotel untergebracht, mit klassisch eingerichteten und viel warmem Holz ausgestatteten (nicht zu teuren) Zimmern. Die Lage ist ideal: zentral und trotzdem ruhig. *5-Gänge-Menü ab 130 €. Doppelzimmer ab etwa 117 €, plus Frühstück 8,50 €/Person.*

5,7 km | 11 Min.

Rathausstraße 6a, 67433 Neustadt an der Weinstraße,
Tel. 06321 489060, E-Mail: info@restaurant-urgestein.de,
www.restaurant-urgestein.de,
Kontakt Hotel: www.steinhaeuserhof.de.

27

A 65 Ausfahrt Edenkoben

WEINGUT FAUBEL

Himmlische Burgunderweine

Das wirklich herausragende in der Pfalz sind die vielen exzellenten Weingüter. Zu meinen Lieblingen in der Pfalz zählt seit vielen Jahren das Weingut von Familie Faubel, die früher ihre Weine noch unter dem Label Ullrichshof vermarktet hat. Schon immer galt die Begeisterung der Faubels dem Weinbau – das Weingut ist seit dem 17. Jahrhundert in Familienbesitz. Die Basis für ihre außergewöhnlichen Weine liegt zum einen im über Generationen gewachsenen Wissen, zum anderen auch in der Tiefgründigkeit der Böden und den sonnenverwöhnten Lagen. Seit 1998 kümmern sich Gerd Faubel um die Geschicke des wunderschönen Guts. Das alte, denkmalgeschützte Haupthaus wirkt fast wie ein Schlösschen. Die Remise wurde im Jahr 1904 erbaut. Besonders eindrucksvoll ist auch ihr 100 Jahre alter Gingkobaum. Ein großes Plus der Pfälzer Weine ist ihr hervorragendes Preis-Leistungsverhältnis – wenn Sie Faubels Weine mal verkostet haben, benötigen Sie vermutlich viel Platz in Ihrem Kofferraum!

2,9 km | 5 Min.

Marktstraße 86, 67487 Maikammer,
Tel. 06321 5048, E-Mail: info@faubel-maikammer.de,
www.weingut-faubel.de.

Die Weine

€ €

Ich weiß gar nicht, wo ich anfangen soll zu schwärmen – bei den fruchtbetonten Rieslingen, den eleganten Weißburgundern, den Chardonnays oder den warmen, runden, opulent ausgestatteten Spätburgundern? Ihre Spitzenqualitäten tragen den Namen *Kostbar* – es trifft den Nagel auf den Kopf!

Weingut & Vinotel Schreieck

€ €

Einer der zauberhaftesten Orte der Pfalz ist St. Martin. Und wie gut seine neueste Errungenschaft: das Boutiquehotel der Familie des Weinguts Schreieck. Die Architektur des Hotels orientiert sich an der klassischen Moderne, kombiniert mit ortstypischen, traditionellen Bauelementen. Die Einrichtung folgt dem Stil der Architektur und greift immer wieder das Thema Wein auf. Integriert im Neubau ist auch eine neue Vinothek – nicht nur ideal zum Einkaufen ihrer Weine, sondern auch immer wieder schön, um ein Glas Wein zu trinken. Überhaupt zählt das Weingut Schreieck gerade zu den absoluten Geheimtipps in der Pfalz. Beim „Deutschen Pinot Preis" wurden seine Burgunderweine zur Kollektion des Jahres gewählt. *Doppelzimmer mit Frühstück ab etwa 120 €.*

5,6 km | 7 Min.

Friedhofstraße 8, 67487 St. Martin, Tel. 06323 5415, E-Mail: info@schreieck-wein.de, www.schreieck-wein.de.

Straußwirtschaft im Aloisiushof

€

Ein Erlebnis ist es, in der Straußwirtschaft vom Aloisiushof einzukehren (kultig ist die Tapasplatte) und anschließend gleich in einer der drei Ferienwohnungen zu übernachten. Während sich das Gut zu einem dynamischen Wein- und Sekthaus entwickelt hat, scheint in dem zauberhaften Ort St. Martin die Zeit stillzustehen. Halten Sie nach Catharina von Cronberg Ausschau (deren steinernes Antlitz in der Kirche St. Martins zu bewundern ist): Die historische Figur geleitet Sie „zwischen Dämmerung und Traum" durch St. Martin – eine eindrucksvolle Führung! *Hauptgerichte bis etwa 15 €, Ferienwohnung etwa 70 €.*

5,4 km | 8 Min.

Mühlstraße 2, 67487 St. Martin, Tel. 06323 2099, E-Mail: weinundsekthaus@aloiskiefer.de, www.aloiskiefer.de.

FÜR ENTDECKER Ein ganz besonderes Erlebnis ist eine Essigprobe im Weinessiggut Doktorenhof. Sie bekommen dazu einen großen Umhang umgelegt und verkosten handwerklich hergestellte Aperitif- und Digestif-Essige sowie mit Essig zubereitete Leckereien. Und natürlich gibt's im Hofladen besondere Marmeladen, Essigpralinen und vieles mehr (www.doktorenhof.de).

28

A 65 Ausfahrt Landau-Nord

WEINGUT MÜNZBERG

Burgunderweine vom Feinsten

Erst kürzlich hatte ich Gelegenheit, einen gereiften Weißburgunder und einen Chardonnay von Münzberg mit sechs Jahren Reifung zu verkosten – sie wirkten noch richtig jung! Für mich ist diese Langlebigkeit ein Zeichen für große Güte und Potenzial. Gunter und Friedrich Keßler setzen auch wirklich jeden Hebel in Bewegung, um die Qualität ihrer Weine zu steigern. So gehört das Weingut Münzberg zu jenen „Fünf Freunden", die vor 30 Jahren gemeinsam als Pioniere den Weinbau in Deutschland revolutioniert haben. Die fünf Weingüter schlossen sich damals zusammen, um ihre Weine gemeinsam zu probieren beziehungsweise auch zu kritisieren sowie wertvolle Erkenntnisse auszutauschen. Bis heute machen sie jedes Jahr eine Studienfahrt. Die kollektiven Erfahrungen haben alle enorm weitergebracht und waren wegweisend. Damit Sie die Weine in angenehmer Atmosphäre und aller Ruhe verkosten können, haben Keßlers ihren Aussiedlerhof so umgebaut, dass es einen stilvollen Kundenbereich und den Arbeitsbereich gibt.

6,7 km | 9 Min.

Böchinger Straße 51, 76829 Landau (Godramstein/Pfalz), Tel. 06341 60935, E-Mail: wein@weingut-muenzberg.de, www.weingut-muenzberg.de.

Die Weine €€

Selten habe ich einen so eleganten und floralen Weißburgunder wie den *Schlangenpfiff Großes Gewächs* getrunken. Schon im Duft spüren Sie den Kalkmergelboden und der Wein riecht wie ein Strauß weißer Lilien. Nach und nach gesellt sich immer mehr Fruchtschmelz hinzu. Am Gaumen schmecken Sie seine fruchtige Art, an Aprikosen und Maracuja erinnernd, aber vor allem seine Mineralität. Empfehlenswert sind auch die sehr feinen Spätburgunder.

Weinstube Brand €€

Die wahrlich geniale Weinstube hat nur ein Problem: Sie erfreut sich großer Beliebtheit, weshalb Sie unbedingt reservieren sollten. Das lohnt sich: Eva-Maria und Christian Knefler haben in den besten Häusern ihr Handwerk erlernt. Entsprechend ist die Mischung aus Tradition – die Weinstube ist ausgestattet mit Sandsteinwand, Holzdeckenbalken, einfachen Holztischen – und Moderne gut gelungen. Letzteres bezieht sich vor allem auf die feine Küche von Christian Knefler. Gefüllter Ziegenfrischkäse mit Pinienwalnusskruste, geschmorte Ochsenschulter mit Weinbergpfirsich oder Barbarie-Entenbrust mit asiatischem Gemüse und Couscous – alles ist ein bisschen außergewöhnlich zubereitet. Sobald das Wetter mitspielt, können Sie auch im Innenhof speisen. Und natürlich müssen Sie sich einen der pfälzer Spitzenweine von Eva-Maria empfehlen lassen.

7,9 km | 12 Min.

Weinstraße 19, 76833 Frankweiler,
Tel. 06345 959490, www.weinstube-brand.de.

Sonnenhof Siebeldingen €€

Gönnen Sie sich doch eine Auszeit in dem schön gelegenen, frei stehenden Jugendstil-Gutshaus. Es ist aus Ziegelsteinen erbaut und verströmt ein sehr heimeliges Flair. Mit zehn Doppel- und vier Einzelzimmern ist es überschaubar groß und eher familiär. Die Zimmer sind sonnig und hell ausgestattet. Traumhaft ist es, auf der Terrasse zu sitzen – am besten natürlich mit einem Glas gutem Wein. *Doppelzimmer mit Frühstück ab etwa 104 €.*

8 km | 8 Min.

Mühlweg 2, 76833 Siebeldingen, Tel. 06345 3311,
E-Mail: info@sonnenhof-siebeldingen.de, www.sonnenhof-siebeldingen.de.

FÜR ENTDECKER Es gibt nur wenige Weinhändler, die so viel von Wein verstehen wie Stefan Dorst. Er führt seit über 15 Jahren sein nettes Geschäft am Kleinen Platz in Landau, ist zudem Kellermeister, berät Weingüter rund um den Erdball und hat auch eine eigene Weinlinie – Dorst & Consorten (www.weinhandlung-am-kleinen-platz.de).

A 65 Ausfahrt Landau-Süd

WEINGUT KRANZ

Senkrechtstarter!

Boris Kranz, der akribisch arbeitende Winzer, kehrte 1990 ins elterliche Weingut zurück und übernahm auch gleich den Ausbau der Weine. Man erkennt sie sofort – sie sind so präzise, klar und ausdrucksstark –, ich würde sie mit Level fünf (Level eins ist der Alltagswein) bewerten. Schon jung gründeten fünf befreundete, ähnlich ambitionierte Winzer die Südpfalz Connexion. Alle haben mittlerweile einen eigenen Weg bestritten und ihre Weingüter unter die Top Ten der Pfalz einreihen können. Boris Kranz wurde ursprünglich vom Verband der Deutschen Prädikatsweingüter – Junge Talente gefördert, bis er 2012 selbst in den Verband aufgenommen wurde. Bei Kerstin und Boris Kranz gibt es keinen Stillstand. Vor zehn Jahren stellten sie ihr Weingut auf biologischen Weinbau um. Aktuell wurden sie bei Fair Choice zertifiziert und last but not least haben sie etwas außerhalb noch einen neuen Keller gebaut ... Besuchen Sie ihr bestehendes wunderschönes Weingut mit der modernen, sehr geschmackvollen Vinothek – mit Blick über die besten Lagen!

8,6 km | 10 Min.

**Mörzheimer Straße 2, 76831 Ilbesheim/Pfalz,
Tel. 06341 939206, E-Mail: info@weingut-kranz.de,
www.weingut-kranz.de.**

Die Weine €€

Viele Jahre schon setzt sich das Ehepaar Kranz ganz besonders für Weißburgunder ein. Schon der „normale“ *Weißer Burgunder* (9,95 €) zeigt so viele Facetten – von frischer Frucht über Sandelholz hin zu Gewürzen. Am Gaumen ist er saftig, klar, ausdrucksvoll und absolut elegant. Und der *Ilbesheimer Kalmit Riesling Großes Gewächs* (34,90 €) gehört für mich gerade zu den besten Rieslingen weit und breit.

Gasthaus Fünf Bäuerlein €

In der Innenstadt von Landau gab es schon lange den Treffpunkt im Bäuerlein. Der neue Name Fünf Bäuerlein rührt daher, dass sich die fünf Topweingüter „Fünf Freunde“ 2002 entschlossen, das Gasthaus zu übernehmen. Die Weine von Ökonomierat Rebholz, Dr. Wehrheim, Becker, Münzberg und Siegrist sind wirklich die Crème de la Crème! Weinfreaks wissen auch um die Raritätenkarte – besondere Weine nicht nur von den „Fünf Freunden“, sondern auch von befreundeten Winzern der Nation. Die neuen Betreiber Nico Stengel und Verena Schmitt verstehen es, die Weine optimal in Szene zu setzen. Auf ihrer Speisekarte gibt es Klassiker wie gebratene Kalbsleberscheiben, Nierchen in Djion-Senf-Sauce, aber auch köstliche Frikadellen mit Zwiebeljus. *Hauptgerichte ab etwa 14,50 €.*

5,6 km | 10 Min.

Theaterstraße 2, 76829 Landau/Pfalz, Tel. 06341 9025896, E-Mail: info@fuenfbaeuerlein.de, www.fuenfbaeuerlein.de.

Schwahns exklusive Gästezimmer €€

Wenn Sie touristische Tipps benötigen, sind Sie bei Schwahn goldrichtig. Ob Südpfalz oder St. Petersburg – Peter Schwahn organisiert passende Pauschalreisen. Aber empfehlen will ich Ihnen seine beiden Zimmer zum Übernachten. Die sind sehr praktisch in einem Jugendstilhaus in der Innenstadt von Landau gelegen. Mit hohem Aufwand und Liebe zum Detail wurden sie renoviert und sind frisch und ansprechend. Die Bäder sind modern, alles wirkt sehr angenehm. *Doppelzimmer ab etwa 110 €.*

5,5 km | 9 Min.

**Ostring 1a, 76829 Landau/Pfalz,
Tel. 06341 995867 und 0176 60860528,
E-Mail: epschwahn@t-online.de, www.übernachtung-landau.de.**

FÜR ENTDECKER Der Stardesigner Michael Michalsky hat für die Südliche Weinstraße ein wahres Meisterwerk vollbracht und das denkmalgeschützte alte Kasernengebäude an der Georg-Friedrich-Dentzel-Straße in Landau zur Vinothek Par Terre umgestaltet. Architektur und Wein sind hier perfekt verbunden. 55 Winzer der Region präsentieren hier ihre Weine.

FRANKEN SAALE-UNSTRUT SACHSEN

A 3 A 7 A 143

A 9 A 4

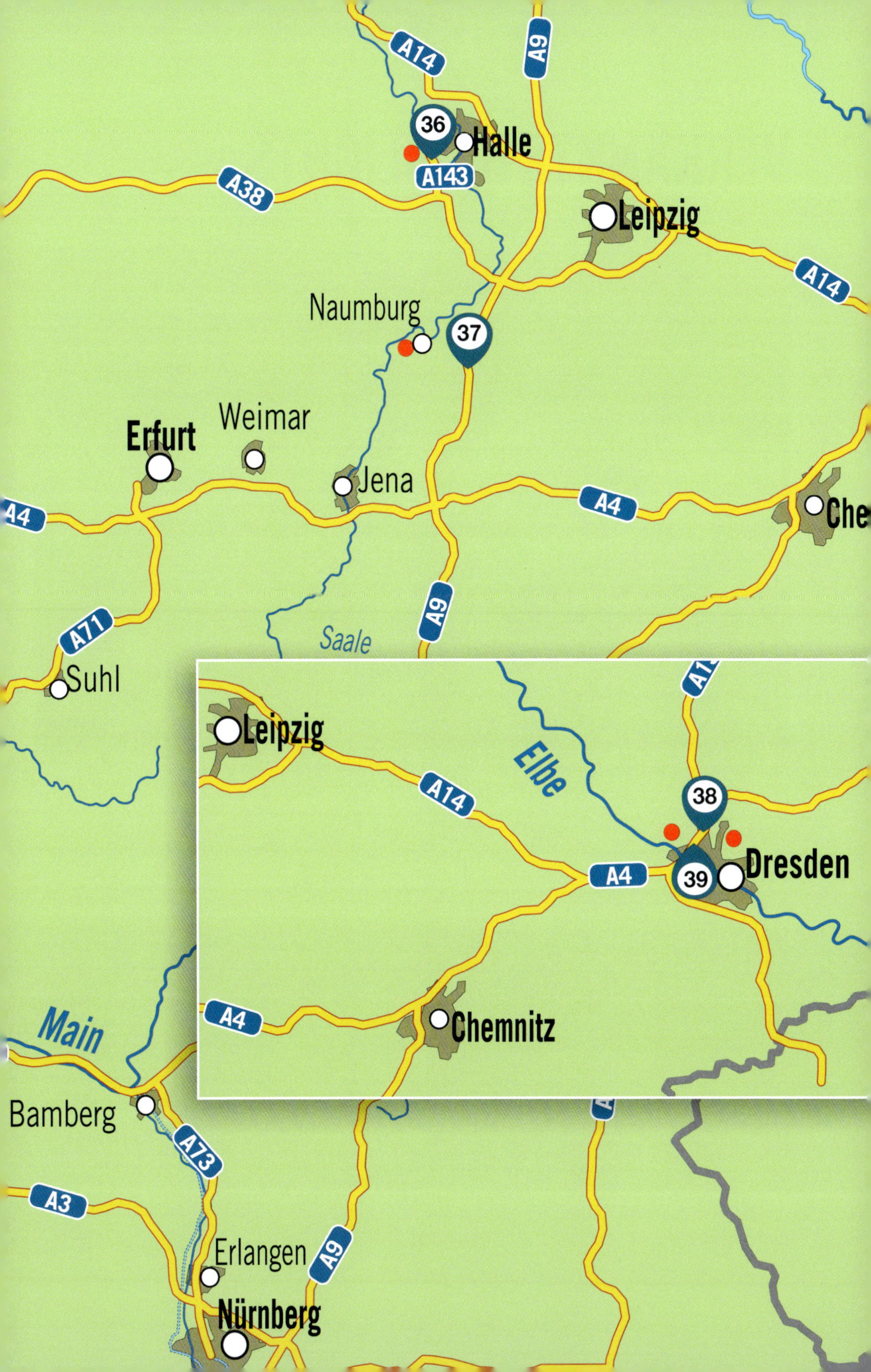
A14
A9
36
Halle
A143
A38
Leipzig
A14
Naumburg
37
Erfurt
Weimar
Jena
A4
A4
Che
A9
A71
Saale
Suhl
Leipzig
A14
Elbe
38
A4
39
Dresden
A4
Chemnitz
Main
Bamberg
A73
A3
Erlangen
A9
Nürnberg

VERKANNTE HIGHLIGHTS

An den steilen Ufern des Mains wachsen die weltberühmten fränkischen Silvaner.

Franken

Soll ich Ihnen einen Tipp aus tiefster Seele geben? In Franken wachsen die besten Silvaner der Welt! Sie sind ausgesprochen floral – denken Sie nur an einen Strauß weißer Lilien oder Veilchen –, haben wenig Säure und eine ganz besondere Würze. Auch in anderen Weinregionen wird der Silvaner allmählich wiederentdeckt, Vorbild ist natürlich der aus Franken. Neben dem Silvaner gedeihen hier weitere duftige und kernige Weißweine wie Rieslaner, Bacchus und Müller-Thurgau. Aber es gibt hier auch grandiose Rieslinge, wie zum Beispiel aus meiner Lieblingslage Escherndorfer Lump – leider etwas weiter von der Autobahn entfernt. Franken ist zwar überwiegend ein Weißweinland, doch es gibt auch Spitzenrotweine. Der Vorreiter ist schon lange Paul Fürst in Bürgstadt (auch etwas von der Autobahn entfernt). Immer mehr junge Winzer eifern ihm nach und vor allem die Spätburgunder sind hervorragend. Im Gegensatz zu anderen Weinregionen sind in Franken die Weinberge weit verstreut, oft in geschützten Nischen. Man kann sagen, sie sind mehr oder weniger entlang des Mains versprenkelt.

Mein Tipp: Kaufen Sie unbedingt in einer der alteingesessenen Metzgereien ein paar fränkische Spezialitäten. Diese Handwerksbetriebe sind oft noch so richtig original, man meint, dort sei die Zeit stehen geblieben.

Saale-Unstrut

Die kleine, aber imposante Weinregion Saale-Unstrut ist von steilen Rebhängen an der Saale gekennzeichnet. Hingucker in der Landschaft sind die einzigartigen Weinberghäuschen. Leider, leider sind die meisten Güter nicht in Autobahnnähe gelegen. Dabei wachsen dort so hervorragende Weine. Die Silvaner können mit denen aus Franken mithalten und die Burgunder – Weiß-, Grau-, Spätburgunder und Chardonnay – fallen unvergleichlich elegant aus. Super fruchtig und saftig ist der Blaue Zweigelt. Insgesamt haben die Weine nicht so viel Alkohol, dafür reichlich Extrakte. Einziger Nachteil: Es gibt in Saale-Unstrut so wenig Wein, dass er nur selten über die Grenzen hinauskommt.

Sachsen

Rund um Dresden finden Sie ganz hervorragende Weine. Kein Wunder, Sachsen kann auf 850 Jahre Weinbautradition zurückblicken. Ich muss gestehen, ich hatte die Weine lange unterschätzt. Doch vor allem die Weißweine sind grandios. In dem nördlichen Klima haben die Trauben eine längere Reifezeit, die für ein unglaubliches Aromenspektrum sorgt. Die Weißburgunder lassen sich weltweit kaum toppen. Exzellent sind natürlich auch die Rieslinge, Grauburgunder und aromatische Sorten wie Bacchus, Müller-Thurgau oder Scheurebe. Letztere sind jedoch weder süß noch aufdringlich, eher faszinierend mit ihrer duftigen Art. Im Rotweinbereich gibt es sehr gute Früh- und Spätburgunder und, mein Liebling, Blaufränkisch. Einen Wermutstropfen kann ich Ihnen nicht ersparen: Es gibt eine Reihe beeindruckender Weingüter, die leider nicht in Autobahnnähe liegen, etwa Schloss Proschwitz vom Prinz zur Lippe in Zadel bei Meißen.

Weinbau hat in Sachsen jahrhundertlange Tradition.

30

A 3 Ausfahrt Würzburg-Heidingsfeld

WEINGUT JULIUSSPITAL

Ein Rundum-Erlebnis

Das Juliusspital ist nicht nur eins der besten Weingüter Frankens, es ist auch beliebter Treffpunkt dank seiner gemütlichen Weinstube mit Sommerterrasse mit sehr guter Küche. Immer einen Besuch wert: die Vinothek Weineck Julius Echter (Koellikerstraße, nur ein paar Schritte weiter), hier können Sie eine richtig große Auswahl Weine probieren und einkaufen. Gerade wird die historische Zehntscheune im Gelände der Stiftung zur neuen Vinothek umgebaut und im Oktober eröffnet. Wer ein bisschen mehr Zeit mitbringt, sollte sich auch auf eine „Schlenderweinprobe" durch das Weingut begeben und kann dann unter anderem den historischen Holzfasskeller von 240 Meter Länge, der heute noch zur Weinbereitung genutzt wird, besichtigen und unterwegs ein paar Weine verkosten. Sehr beeindruckend im Juliusspital ist die Rokoko-Apotheke von 1683. Zum Juliusspital gehört außerdem ein Seniorenstift, ein Krankenhaus, ein Hospizzentrum und noch vieles mehr. 1576 wurde dieses Ensemble von dem weit gereisten und sprachgewandten Fürstbischof Julius Echter als Stiftung gegründet. Mit 70 Hektar der Rebsorte Silvaner und 180 Hektar Rebfläche insgesamt ist das Juliusspital heute der größte Silvanerproduzent der Welt.

6,7 km | 12 Min.

Klinikstraße 1, 97070 Würzburg,
Tel. 0931 3931400, E-Mail: weingut@juliusspital.de,
www.juliusspital-weingut.de.

Die Weine €€

Die Krönung sind natürlich die Großen Gewächse – langlebige Weine, die mit ihrer kraftvollen Art als Essensbegleiter gedacht sind. Der berühmte *Würzburger Stein* beispielsweise zeigt einen wunderbar reichen Duft, an frische Kräuter und Veilchen erinnernd. Am Gaumen merken Sie seine trockene und markante Art – und er bleibt ewig lang im Nachhall.

Weinstuben Juliusspital €

Es ist schon ein Klassiker, in den Weinstuben des Juliusspitals zu essen. Schon seit 2001 umsorgen Frank Kulinna und seine Frau Edith ihre Gäste, unter anderem mit hervorragendem Fisch und sehr gutem Wild. Wer sollte es besser machen? Frank Kulinna geht an freien Tagen zur Jagd, und wenn er ein bissel mehr Zeit hat, auch zum Angeln oder gar zum Hochseefischen. Die Weinkarte umfasst die besten Tropfen aus dem Juliusspital. Aber die Franken kommen auch gerne, um einfach einen Schoppen Silvaner zu trinken. Herrlich ist ein Sommerabend im Weinstubenhof mit Silvaner-Mostsuppe, Zimtkrusteln oder einer Würzburger Weinbergsvesper – mit fränkischem „Gerupften" (wurzige Käsecreme), Leberwurst, Presssack und Juliusspital-Bauernbrot. *Hauptgerichte ab etwa 14 €.*

6,4 km | 12 Min. **Juliuspromenade 19, Ecke Barbarossaplatz, 97070 Würzburg, Tel. 0931 54080, E-Mail: info@weinstuben-juliusspital.de, www.weinstuben-juliusspital.de.**

Hotel Best Western Rebstock €€€

Mitten im Zentrum liegt das beliebte und geschätzte Hotel Best Western Rebstock mit seiner schönen, denkmalgeschützten Rokokofassade. Innen ist es geschmackvoll modern ausgestattet und die 72 Zimmer werden immer wieder neu gestaltet. Zu den Highlights zählt unbedingt auch ein Besuch des ebenfalls in dem historischen Anwesen untergebrachten Sternerestaurants KUNO 1408 (benannt nach Kuno vom Rebstock, der laut einer Urkunde aus dem Jahr 1408 der erste Besitzer des Hofs vom Rebstock war). *Doppelzimmer ab etwa 194 €, plus Frühstück 15 €/Person.*

4 km | 13 Min. **Neubaustraße 7, 97070 Würzburg, Tel. 0931 30930, E-Mail: rebstock@rebstock.com, www.rebstock.com.**

FÜR ENTDECKER Immer wenn ich in Würzburg bin und auch nur ein Stündchen erübrigen kann, mache ich einen Abstecher zur Residenz. Das herrliche Treppenhaus von Balthasar Neumann mit dem Tiepolo-Fresko – das größte ohne Unterteilungen gemalte Deckenfresko der Welt – kann ich gar nicht oft genug sehen.

---

31 A3 Ausfahrt Würzburg/Randersacker

WEINGUT SCHMITT'S KINDER

Gemeinsam sind sie stark

Sie haben schon so ein nettes Etikett – eine Zeichnung mit springenden Kindern. Und ihr Randersacker Pfülben oder ihr Randersacker Sonnenstuhl gehören zu den besten Lagen in ganz Franken. Die Landschaft entlang des Mains ist im Erdzeitalter Trias vor 260 Millionen Jahren entstanden. In Randersacker bildet der mittlere und obere Muschelkalk die Bodengrundlage. Dieses Terroir in ihren Weinen besonders intensiv herauszuarbeiten, ist das Ziel der fünf TRIAS-Winzer, mit denen Schmitt's Kinder im Verbund sind. Weinliebhaber geraten vor allem über deren tolle Silvaner, Rieslinge und Spätburgunder ins Schwärmen. Ich weiß, dass viele den deutschen Rotweinen skeptisch gegenüberstehen, aber Spätburgunder von Schmitt's Kinder gehört Jahr für Jahr zu den elegantesten! Der Name des Guts geht darauf zurück, dass der seit 1712 bestehende Betrieb 1910 nicht unter den Erben aufgeteilt, sondern gemeinsam bewirtschaftet wurde. Heute arbeiten sie generationenübergreifend: Karl und Renate Marie Schmitt zusammen mit Sohn Martin Johannes.

6,7 km | 8 Min.

Am Sonnenstuhl 45, 97236 Randersacker am Main, Tel. 0931 7059197, E-Mail: info@schmitts-kinder.de, www.schmitts-kinder.de.

Die Weine €€

Für den Einstieg kann ich Ihnen den *Randersacker Sonnenstuhl Spätburgunder Rotwein Erste Lage* empfehlen. Das Große Gewächs aus der gleichnamigen Lage kann es mit einigen Grand Crus aus dem Burgund locker aufnehmen. Vielleicht suchen Sie ja noch einen passenden Wein für einen besonderen Anlass?

Restaurant Alte Mainmühle €

Die Alte Mainmühle lohnt immer einen Besuch! Wenn Sie dann noch an einem warmen Sommerabend hierherkommen, wird es sicherlich zu einem unvergesslichen Erlebnis. Die alte Mühle vermittelt mit ihren heimeligen Räumen, die mit viel hellem Holz ausgestattet sind, ein ganz besonderes Flair – und liegt auch noch direkt am Main. Hier treffen sich Jung und Alt, es ist immer viel los und die altfränkischen Gerichte sind Kult. Besonderen Wert legt die Alte Mainmühle auf ihre Lieferanten, wie den Metzgerei Kirchner-Dees oder die Bäckerei Brandstetter aus Würzburg. Die Fische, die sie verwenden, stammen von der unterfränkischen Fischzucht Müller aus Birkenfeld. Ihre Mühlenbratwurst müssen Sie unbedingt probieren, sie wird nach einem altem Familienrezept hergestellt! Wenn es ganz gemütlich und ungezwungen sein soll – schauen Sie beim Mainmühlen-Pavillon unterhalb der Brücke an der Mainpromenade vorbei. Es lohnt sich! *Hauptgerichte im Restaurant ab etwa 13,90 €.*

9,2 km | 12 Min.

Mainkai 1, 97070 Würzburg,
Tel. 0931 16777, E-Mail: gasthaus@alte-mainmuehle.de,
www.alte-mainmuehle.de.

Weinforum Franken Hotel mit Vinothek €€

Mitten in der historischen Altstadt von Eibelstadt liegt das sympathische Designhotel. Die 15 Hotelzimmer sind modern, individuell und mit viel Liebe zum Detail eingerichtet. Die Matratzen sind die besten, die es gibt! Die außergewöhnlichen Fachwerkzimmer im historischen Altbau atmen den Geist der vergangenen Jahrhunderte. Sanft modernisiert, strahlen sie einen besonderen Charme aus, der keinen unberührt lässt. Moderne Zimmer erwarten Sie im Rückbau des Hauses. Die über die Region hinaus bekannte Künstlerin Hilde Würtheim hat das Hotel liebevoll mit Originalen ihrer Kunst ausgestattet. Zur neu interpretierten regionalen Küche von Küchenchef Domenico Allegretta gibt es rund 120 ausgewählte Weine, die man auch in der Vinothek erwerben kann. *Doppelzimmer ohne Frühstück ab 120 €.*

3 km | 5 Min.

Hauptstraße 37, 97246 Eibelstadt,
Tel. 09303 9845090, E-Mail: info@weinforum-franken.de,
www.weinforum-franken.de.

32

A 3 Ausfahrt Kitzingen/Schwarzach

WEINGUT GLASER-HIMMELSTOSS

Zwei Standorte – ein Weingut

Das Weingut Glaser-Himmelstoss ist sowohl an der Mainschleife in Nordheim als auch in Dettelbach zu Hause. Dort verteilt befinden sich auch seine Weinberge. Die Philosophie lautet, dass die Weine nicht nach stupiden Formeln entstehen. Es geht ihnen nicht um Patentrezepte, sondern um Erfahrungen, Überzeugungen und viel Gefühl. Familie Glaser weiß das Ökosystem ihrer Weinreben sehr zu schätzen. Weil Glasers ihre Weine mit Bauch und Herz ausbauen, schmeckt jeder Jahrgang so authentisch und individuell und erzählt seine eigene Geschichte. Diese Liebe zum Wein konnten Monika und Wolfgang auch ihrer Tochter Julia weitergeben. Nach ihrem dualen Studium zur Winzerin und Önologin stieg sie ins elterliche Weingut ein. Mit großem Enthusiasmus hat sie aktuell im Gästehaus in Dettelbach die Weinbar Himmelstoss eröffnet. Zu kleinen Gerichten lassen sich die eigenen köstlichen Weine genießen, aber auch fränkisches Bier oder die hauseigenen Brände. Nur gut, dass man danach in ihrem Gästehaus übernachten kann.

12,5km | 12 Min.

Langgasse 7, 97334 Nordheim,
Tel. 09381 4602, E-Mail: Info@weinbar-glaser-himmelstoss.de,
www.weingut-glaser-himmelstoss.de.

Die Weine €€

Die Balance zwischen Mineralität und Frucht ist ihre Leidenschaft. Seit einigen Jahren steht das Weingut für unglaublich klare, regelrecht saftige Weißweine. Monika und Wolfgang Glaser haben ihre ganz eigene Stilistik: markante, mineralische Weine, die mit Frucht und Tiefe ausgestattet sind, sich aber dennoch herzhaft und lebendig präsentieren. Sie konnten in den letzten Jahren viele Auszeichnungen entgegennehmen. Bei ihrer Königsklasse Silvaner haben Sie die Wahl unter zehn verschiedenen – vom Gutswein über unterschiedliche Lagen zum spontan vergorenen bis hin zum im Holzfass gereiften.

Gasthof zum Schwan €

Es sei eines der bedeutendsten und außergewöhnlichsten Gasthäuser Frankens, sagt das Bayerische Landesamt für Denkmalpflege. Tatsächlich hat es Klaus Münch mit seiner Familie geschafft, das wunderschöne Traditionshaus im alten Stil zu renovieren und dabei moderne Aspekte einfließen zu lassen. Die historischen Gasträume versprühen eine Heimeligkeit und Wärme, die Sie vielleicht als Kind bei der Großmutter verspürt haben. Die Wirtsfamilie hat es sich auf die Fahne geschrieben, die Gäste mit regionaler Küche und ausgewählten Produkten zu bedienen, am liebsten aus eigenem Anbau. Tolle Gerichte, wie ofenfrisches knuspriges Schaeufele an kräftiger Bratensoße, Klößen und Blaukraut. Eine große Bereicherung sind auch noch die eigenen Weine von Sohn Andreas Münch. Vielleicht bleiben Sie auch über Nacht in einem der liebevoll gestalteten Zimmer. *Hauptgerichte ab etwa 11,90 €.*

7,3 km | 8 Min.

Hauptstraße 10, 97334 Sommerach,
Tel. 09381 847684, E-Mail: info@schwan-sommerach.de,
www.schwan-sommerach.de.

Wein- und Romantikhotel Zur Schwane €€€

Das Weinhotel gehört zu den schönsten Frankens! Hier lohnt es sich immer einzukehren – ob für die wunderbaren Weine, exzellenten Restaurants und die wunderschönen Zimmer. Sie können bei den sympathischen Gastgebern Familie Düker zwischen historischen oder geschmackvollen, modern gestalteten Zimmern wählen. Gleiches gilt auch für das gemütliche, über 600 Jahre alte Restaurant – Sie können sowohl typisch fränkisch essen oder das Degustationsmenü probieren. Der Clou: Jeder Gang wird von einem besonderen Wein aus ihrem eigenen Weingut – Mitglied im Verband der Deutschen Prädikatsweingüter – begleitet. *Doppelzimmer mit Frühstück ab 158 €.*

10,5 km | 8 Min.

Hauptstraße 12, 97332 Volkach,
Tel. 09381 80660, E-Mail: schwane@romantikhotels.com,
www.schwane.de.

33

A 7 Ausfahrt Würzburg/Estenfeld

WEINGUT AM STEIN

Mitten in den Reben gelegen

Die berühmte Lage Würzburger Stein ist Kult, denn sie liegt mitten in Würzburg. Eingebettet in die Rebgärten befindet sich das beeindruckende Weingut der Knolls. 1990 übernahm Ludwig mit seiner Frau Sandra den elterlichen Betrieb. In den Jahren darauf folgte das WeinWerk – ein architektonisches Meisterwerk. In dem mit Holzstreben verkleideten Kubus aus Glas und Beton können Sie Knolls Spitzenweine verkosten und kaufen. Die Familie bearbeitet ihre Weinberge biodynamisch und ist bestrebt, die unterschiedlichen Eigenschaften der Lagen zu kultivieren. Das Weingut ist Mitglied im VDP, Naturland und Respekt Biodyn. Es gibt verschiedene Weinserien, wie die Gutsweine, die Ortsweine mit besonders guter Eignung zu Tisch, oder die Lagenweine, die die unterschiedlichen Böden ausdrucksstark widerspiegeln. Besonders spannend ist der ganz nach biodynamischen Kriterien gebaute Steinkeller für Betoneier und Amphoren, in denen der Wein tief im Berg des Würzburgers Steins gelagert wird. Langsam übernimmt auch die Jugend mit Antonia und Vincenz – beide in Geisenheim studiert – Verantwortung und eigene Projekten. Ein besonderes Highlight ist das jährliche Wein- und Musikfestival „Wein am Stein" im Juli. Internationale Bands, ein hochklassiges kulinarisches Angebot und die einzigartige Atmosphäre mitten in den Weinbergen und der himmlische Ausblick verzaubern jeden!

11,3 km | 11 Min.

**Mittlerer Steinbergweg 5, 97080 Würzburg,
Tel. 0931 25808, E-Mail: mail@weingut-am-stein.de,
www.weingut-am-stein.de.**

Die Weine €€

Zu meinen absoluten Favoriten gehört die *VINZ*-Reihe, die aus Trauben von über 50 Jahre alten Reben gekeltert wurde. Der Silvaner präsentiert sich unglaublich komplex und vielschichtig. Würzige Aromen spielen mit reifen exotischen Früchten, am Gaumen spüren Sie seine Tiefgründigkeit, er bleibt ewig im Nachhall. Auch die sehr feinen Sekte oder der wunderbar frische und wildwürzige *PetNat* (Pure&Naked) sind einen Besuch wert.

Restaurant Backöfele €

Wie wunderbar, dass es noch solche Originale gibt! Seit mehr als 40 Jahren wird in den traditionell eingerichteten und gemütlichen Stuben des Restaurant Backöfele echte fränkische Küche zelebriert. Herrlich anzusehen, sind dabei die opulenten Wandgemalde. Da schmecken Fränkische Bratwurst, Blaue Zipfel oder die beliebteste Spezialität – das krosse Schäufele in Dunkelbiersauce mit Kraut und Knödel – gleich doppelt so gut! Passend dazu bekommen Sie im Backöfele eine tolle Auswahl an fränkischen Weinen – alle Winzer mit Rang und Namen aus der Region werden hier angeboten.

9,8 km | 14 Min.

**Ursulinergasse 2, 97070 Würzburg,
Tel. 0931 59059, E-Mail: info@backoefele.de,
www.backoefele.de.**

Hotel Würzburger Hof €€€

1908 hat Michael Erb das ehemalige Gasthaus zur Stadt Würzburg erworben und in dreijähriger Bauzeit aufwendig umgebaut. Auch im weiteren Verlauf wurde das, fortan Würzburger Hof genannte, Gebäude wiederholt erweitert und renoviert – zuletzt 2015. Seit 2012 führt Sabine Unckell das Hotel. Schon von außen beeindruckt es mit seiner aufwendigen Stuckfassade aus der Gründerzeit. Die individuell gestalteten Zimmer wirken anheimelnd gemütlich und sind geräumig, ihre geschmackvolle Einrichtung beweist viel Liebe zum Detail. Die zentrale Lage in der Stadtmitte erlaubt den Besuch der Sehenswürdigkeiten zu Fuß. Zur Begrüßung werden Sie beim Check-in bereits mit einem Glas Wein verwöhnt, nachts werden die Schuhe geputzt und das reichhaltige Frühstücksbüffet ist sensationell! *Doppelzimmer ab 133 €, plus Frühstück 12 €/Person.*

8,7 km | 11 Min.

**Barbarossaplatz 2, 97070 Würzburg,
Tel. 0931 53814, E-Mail: info@hotel-wuerzburgerhof.de,
www.hotel-wuerzburgerhof.de.**

34 A 7 Ausfahrt Kitzingen

WEINGUT BRENNFLECK

Ein sympathischer Familienbetrieb

1998 übernahmen Hugo und Susanne Brennfleck das alteingesessene Weingut in 13. Generation. Der wunderschöne, denkmalgeschützte Gutshof mit romantischem Innenhof und altem Gewölbekeller wird perfekt ergänzt von dem modernen Kelterhaus aus Muschelkalk, Glas und Beton, das auch mit mehreren Architekturpreisen ausgezeichnet wurde. Ideale Bedingungen also für ihre saftigen, ehrlichen Weine. Der Löwenanteil der stattlichen 26 Hektar entfällt, wie es sich für Franken gehört, mit 60% auf den Silvaner. Brennflecks sagen: „Silvaner und Franken – diese Verbindung ist und bleibt elementar. Traditionelles bewahren und Neues so behutsam integrieren, wie es unseren Werten entspricht, das liegt uns am Herzen." Aber auch die Burgundersorten, Riesling und den köstlichen Müller-Thurgau können Brennflecks gut. Die große Bandbreite ihrer Weine ist ein Erlebnis. Brennflecks besitzen Toplagen in Sulzfeld, Rödelsee, Iphofen und am Escherndorfer Lump. Entsprechend spiegeln die Weine die Muschelkalkböden und die mineralisch-erdigen Keuperböden am Main und im Steigerwald wider.

4,8 km | 13 Min.

Papiusgasse 7, 97320 Sulzfeld am Main,
Tel. 09321 4347, E-Mail: info@weingut-brennfleck.de,
www.weingut-brennfleck.de.

Die Weine €€

Ein Erlebnis ist vor allem die große Bandbreite ihrer Weine. Viele Jahre schon bin ich absoluter Fan des *Silvaner Anna-Lena trocken*. Der Wein ist nach der ältesten Tochter benannt, erinnert im Duft an Holunderblüten und frische Äpfel und wirkt beim Trinken so richtig ehrlich und bekömmlich. Wobei die Auswahl unter den neuen unterschiedlichen Silvanern sehr schwer fällt – jeder für sich ist wirklich hervorragend! Ein Erlebnis ist auch der *Himmelsleiter Escherndorfer Lump Riesling trocken GG!*

Restaurant Schwab's Landgasthof €

Nachdem der Landgasthof von Joachim Schwab bereits vier Generationen im Familienbetrieb geführt wurde, hat ihn inzwischen Franceso und sein Team übernommen. Wie sein Name vermuten lässt, kocht Franceso feine italienische Küche. Die beiden gemütlichen Stuben des Landgasthofes wurden von dem fränkischen Künstler Theophil Steinbrenner geschmackvoll gestaltet. Neben der Bauern- und Schwabenstube erfreut das Weingärtchen die Gäste. In der reichhaltigen Weinkarte sind natürlich alle renommierten fränkischen Weingüter vertreten, deren Weine auch offen angeboten – und ganz fair kalkuliert – sind. Empfehlenswert ist auch, im angeschlossenen Landhotel der Familie Schwab zu übernachten. Die Zimmer sind alle liebevoll im Landhausstil eingerichtet.

4,1 km | 6 Min.

Bamberger Straße 4, 97359 Schwarzach am Main,
Tel. 0160 93833314, E-Mail: zimmermann-gbr@gmx.de,
www.landgasthof-schwab.de.

Vinotel & Weingut Augustin €€

Was für eine tolle Idee – Familie Augustin hat hinter historischen Bruchsteinmauern ganz außergewöhnliche Zimmer geschaffen. Sie tragen nicht nur Namen wie Afrika, Space, Zen, Orient oder PopArt – sie sind auch entsprechend ausgestattet. Die Wahl fällt wirklich schwer, von jedem Zimmer sind Sie wieder aufs Neue verzaubert. Mit dem Zimmerschlüssel bekommen Sie auch einen Schlüssel für den Weinklimaschrank. Arno Augustin gehört für mich zur Elite der fränkischen Winzer. Seine Silvaner duften und schmecken floral – stellen Sie sich einfach einen Strauß weißer Lilien vor. Im Duft verleihen Aromen wie von exotischen Früchten dem Silvaner Vielschichtigkeit, am Gaumen spüren Sie seine Mineralität und enorme Länge. Ungewöhnlich ist auch der *Edition Merlot Barrique trocken* – in dunklem Granatrot leuchtend, zeigt er Frucht und Körper und wirkt sehr modern gearbeitet. *Doppelzimmer mit Frühstück ab etwa 135 €.*

8,5 km | 12 Min.

Raiffeisenstraße 5, 97320 Sulzfeld am Main,
Tel. 09321 5663, E-Mail: info@weingut-augustin.de,
www.vinotel-augustin.de.

35

A 7 Ausfahrt Marktbreit

WEINGUT BICKEL-STUMPF

Junges Weingut – alte Böden

Weingut Bickel-Stumpf mit den sympathischen Winzerehepaar Manuela und Matthias Stumpf – ist derzeit eines der innovativsten Weingütern - mit ganz wunderbaren Weinen. In den letzten Jahren haben sie ihre Qualitäten im VDP-Betrieb nochmals nach oben geschraubt – und ihr Crémant gehört zu den besten Schaumweinen Deutschlands! Schlicht und persönlich haben sie auf ihrer ansprechenden Webseite die Geschichte des Weinguts dargestellt: „1971 fuhr Vater Reimund Stumpf mit seinem schwarzen Käfer zum ersten Mal von Thüngersheim nach Frickenhausen, um seine neue Freundin Carmen Bickel zu besuchen. 1976 heiratete er sie." Jetzt wissen Sie auch, wie das mit dem Doppelnamen zustande kam. In ihrer modernen Vinothek können Sie nicht nur Weine probieren und einkaufen, Familie Stumpf bietet dort auch tolle Events. Und sie scheut sich nicht, ihre Weine im Zusammenspiel mit Tropfen internationaler Kollegen zu präsentieren. Ihr Credo: „Liebe zum Handwerk, Respekt vor der Natur: Wir verbinden zwei herausragende fränkische Terroirs zu einem kleinen aber feinen Familienweingut."

13,4 km | 14 Min.

Kirchgasse 5, 97252 Frickenhausen am Main, Tel. 09331 2847, E-Mail: info@bickel-stumpf.de, www.bickel-stumpf.de.

Die Weine €€€

Witzig, leicht – nur 11% Alkohol – und blumig-würzig ist ihr Wein *twentysix* (7,50 €). Richtig schwierig ist es, sich zwischen den *Silvanern Buntsandstein* und *Muschelkalk* zu entscheiden – wunderbar floral, schlank und saftig und sehr verwoben, druckvoll mit enormer Länge der andere (jeweils 13,90 €). Grandios – absolut sensationell ist ihr *Crémant Francophil de la Chapelle Extra brut*! Er präsentiert sich so fein und elegant mit animierender Frische, aber auch verwoben und würzig …

Restaurant Philipp €€€

Im mittelalterlichen Wein- und Künstlerort Sommerhausen haben Michael Philipp und seine Frau Heike in einem über 400 Jahre alten Renaissance-Palais eine Oase des Lukullus eingerichtet. Beide haben ihre Ausbildung in den renommierten Schweizerstuben in Wertheim gemacht und sich dort auch kennengelernt. In Sommerhausen hat Michael Philipp sich mit seiner leichten, französisch inspirierten Aromenküche schon 2003 einen Michelin-Stern erkocht, den er mittlerweile im 20. Jahr jedes Jahr bestätigt hat. Mit Kreativität und Leidenschaft verbindet er französische Küche mit bodenständigen fränkischen Produkten. Das Restaurant bietet nur 20 Gästen Platz. Top-Sommelière Heike Philipp berät Sie aus einem exzellenten Angebot an lokalen und internationalen Kreszenzen. Für eine Übernachtung bekommen Sie mit etwas Glück die Barock- oder die Renaissance-Suite im Haus. *4-Gänge-Menü „Classique" ab 145 €. Am Sonntagabend gibt es auch das Carte-blanche-„Überraschung-Menü" in 3 bis 6 Gängen ab 75 bis 129 €.*

14,7 km | 16 Min.

Hauptstraße 12, 97286 Sommerhausen,
Tel. 09333 1406, E-Mail: info@restaurant-philipp.de,
www.restaurant-philipp.de.

Hotel und Weingut Meintzinger €€€

Das Hotel Meintzinger in Frickenhausen wurde im Jahr 1979 gebaut und 2009 komplett renoviert. Dabei wurde die mittelalterliche Anmutung des Gebäudes perfekt mit modernsten Wohnstandards kombiniert. Zusätzlich gibt es gleich um die Ecke noch das Haus der Freunde, ein schnuckelig eingerichtetes Fachwerkhäuschen mit liebevoll hergerichteten Zimmern. Das reichhaltige Frühstück wird im Sommer auf der schönen Terrasse serviert. Und in der Weinbar können Sie die Erzeugnisse des Weinguts verkosten. *Doppelzimmer mit Frühstück ab 155 €.*

8,8 km | 10 Min.

Babenbergplatz 4, 97252 Frickenhausen am Main,
Tel. 09331 87110, E-Mail: info@hotel-meintzinger.de,
www.hotel-meintzinger.de.

36 A 143 Ausfahrt Halle-Neustadt

WEINGUT BORN

Zu Gast bei einer Weinprinzessin

Früher stellte man sich einen Winzer eher als wettergegerbtes gestandenes Mannsbild vor. Das hat sich in den letzten Jahren komplett geändert: Junge Frauen machen heute mit großem Selbstverständnis ihr Diplom für Weinbau und Önologie und bauen ihre Weine natürlich auch selbst aus. Elisabeth Born vom ersten Privatweingut der nördlichen Weinbauinsel Höhnstedt (so werden die wenigen klimatisch begünstigten Hänge an Saale und Unstrut genannt, an denen Weinbau überhaupt möglich ist) bricht gleich noch mit einem zweiten Klischee: Sie trug 2011/2012 die Krone der Deutschen Weinprinzessin und nutzte die vielen Reisen, um Erfahrungen auch für die Arbeit im elterlichen Betrieb zu sammeln. Der „Prinz" stand schon parat: Während ihres Studiums in Geisenheim hatte die sehr hübsche Winzertochter den sehr netten Schwaben Jochen Hinderer kennengelernt. Zur Freude von Vater Günter Born hat das weltgereiste Winzerpaar im Jahr 2010 von ihm das Zepter übernommen. Ein Erlebnis: Lassen Sie sich unbedingt den aufwendigen Terrassenanbau zeigen.

10,6 km | 13 Min.

Wanslebener Straße 3, 06198 Salzatal OT Höhnstedt, Tel. 034601 22930, E-Mail: info@weingut-born.de, www.weingut-born.de.

Die Weine

Mein Liebling ist der *Höhnstedter Kreisberg Weißburgunder trocken* – aus besagtem Terrassenanbau. Ein sehr vielschichtiger floraler Weißwein mit unglaublich viel Muskeln und Kraft. Sein Duft erinnert an Karamell und Pfeffer, und trotz seiner stoffigen Art trinkt er sich absolut elegant. In der Straußwirtschaft schmeckt ihr leichter *Rosé Pink Pony* supergut. Er riecht wie ein Korb mit frischen Erdbeeren.

Restaurant Orangerie Seeburg

Der Süße See im Mansfelder Land zwischen Halle und Eisleben ist ein beliebtes Ausflugsziel. An seinem Ufer liegt Schloss Seeburg, das schon im Jahre 743 urkundlich erwähnt wurde und früher offenbar als Fluchtburg gedient hat. Unmittelbar neben dem trutzig wirkenden Schloss befindet sich die Orangerie, ein erst jüngst eingerichtetes Restaurant. Die weite, zum See ausgerichtete Glasfront lässt viel Licht in den Gastraum; noch näher am Wasser sitzt man auf der Terrasse. Dank der gläsernen Küche kann man die Zubereitung der Speisen – mit Vorliebe sous vide, also im Vakuum gegart – mitverfolgen. Hier wird eine frische, mediterran ausgerichtete Küche angeboten, die großen Wert auf lokale Produkte legt. Dazu trinken können Sie eine Auswahl lokaler Weine aus dieser nördlichsten deutschen Weinbauregion. *Hauptgerichte ab etwa 22 €.*

11,5 km | 10 Min.

Schloss Straße 18, 06317 Seegebiet Mansfelder Land, Tel. 034774 701780, E-Mail: info@orangerie-seeburg.de, www.orangerie-seeburg.de.

Aseleben Strandhotel

Im Jahr 1994 erwarb Gisbert Zahn ein verfallenes Grundstück in der Nähe des Süßen Sees in Aseleben – um seinen Traum von einem Hotel zu erfüllen. Nach und nach baute er mit seiner Tochter Astrid Eisenschmidt und deren Mann 23 gemütliche Zimmer, einen Wellnessbereich mit Hallenschwimmbad und zwei Saunen, eine Bowlingbahnanlage, ein Terrassencafé mit Kamin und Seeblick und eine Sonnenterrasse. Seit 2012 ist auch Enkel Sven Eisenschmidt involviert. Ein sympathischer Familienbetrieb – richtig zum Wohlfühlen. Weitsichtig hat die Familie das Restaurant an Diana Bornhake verpachtet. Dianas Strandrestaurant bietet deutsche Küche – da gibt es noch deftige Rinder und Kohlrouladen, aber auch Fischgerichte. Mein Tipp: Mieten Sie sich ein Fahrrad und radeln Sie mal rund um den Süßen See … *Doppelzimmer inkl. Frühstück ab 106 €.*

13,6 km | 12 Min.

Zum Süßen See 8a, 06317 Seegebiet Mansfelder Land OT Aseleben, Tel. 034774 28069, E-Mail: info@strandhotel-aseleben.de, www.strandhotel-aseleben.de.

37

A 9 Ausfahrt Naumburg

WINZERHOF GUSSEK

Herrliche Weine von alten Reben

Jedes Mal bin ich aufs Neue von Naumburg begeistert – von seinen alten Prachtvillen, den Stadttoren und der gut erhaltenen Stadtmauer ... Tatsächlich war die Naumburg nach dem Mauerfall das Vorzeigemodell für die Stadtsanierungen im Osten. Zu dieser Zeit erwarb der sympathische und bedachte André Gussek nach 20 Jahren als Kellermeister im Landesweingut Kloster Pforta sein eigenes Weingut. Was 1993 mit fünf Glasballons Wein begann, konnten die Gusseks auf stattliche 9,2 Hektar Anbaufläche erweitern. Es war sicher nicht einfach, die teilweise sehr alten Rebhänge zu bekommen, doch es gelang ihnen: Im Naumburger Steinmeister besitzen Gusseks 60 Jahre alte, im Kaatscher Dachsberg sogar 80 Jahre alte Reben. Die bringen natürlich nicht mehr so viel Ertrag, aber die Rebstöcke wurzeln bis zu 20 Meter tief und sorgen für die Mineralität in den Weinen. Winzerhof Gussek gehört zu den Gründungsmitgliedern des Vereins 51. Breitengrad – acht Topbetriebe zeigen mit ihren Weinen die besonderen Stärken der Region, kühle und charaktervolle Weine.

9 km | 15 Min.

Kösener Straße 66, 06618 Naumburg,
Tel. 03445 7810366, E-Mail: winzerhofgussek@t-online.de,
www.winzerhof-gussek.de.

Die Weine €€

Schon der Einstiegswein *Grüner Silvaner* (11 €) zeigt die klare Handschrift des Betriebs. Der Wein erinnert im Duft an Äpfel und grünen Pfeffer, am Gaumen zeigt er sich kernig und unkompliziert. Ein richtiger Essensbegleiter ist der *Silvaner Dachsberg BIN 87* (so alt sind die Reben!) zu 21 €. Lange hätte ich es nicht für möglich gehalten, dass so weit nördlich derartig vollmundige Rotweine entstehen. Probieren Sie unbedingt den *Blauen Zweigelt*.

Zum Alten Krug €

Mitten im Zentrum der historischen Stadt Naumburg liegt am Lindenring ein mit Rankenpflanzen bewachsenes Fachwerkhaus: das Gasthaus Zum Alten Krug. Von hier aus können Sie die zahlreichen Sehenswürdigkeiten bequem zu Fuß erreichen. In der urigen Gaststube genießen Sie eine orts- und bodenständige, eher rustikale Küche. Auf der Karte locken zum Beispiel Knoblauchbemmen mit Gewürzgurken, Thüringer Brätwurst mit Sauerkraut und Kartoffelpuree oder Grillhaxe mit Sauerkraut. Dazu gibt es Weine aus der Region oder regionaltypische Schwarzbiere. Die Preise sind sehr volkstümlich. Übernachten können Sie in geräumigen Zimmern mit eher rustikalem Charme. Das Frühstück ist sehr reichhaltig und der Service ausgesprochen freundlich. *Hauptgerichte ab etwa 7,90 €.*

14,4 km | 18 Min. **Lindenring 44, 06618 Naumburg, Tel. 03445 7589510, E-Mail: info@hotel-alter-krug.de, www.hotel-zum-alten-krug.de.**

Hotel Zur Alten Schmiede €€

Zentral gelegen in der historischen Altstadt – und damit idealer Ausgangspunkt für eine Besichtigungstour zu Fuß – finden Sie am Lindenring das Hotel Zur Alten Schmiede. Die auf das Jahr 1700 zurückgehende Huf- und Wagenschmiede hat den Umbau 1963 leider nicht überstanden, weshalb auf den alten Fundamenten ein Neubau errichtet und 2007 erweitert wurde. So kommt es, dass die Hotelzimmer nach neueren Vorstellungen weiträumig und modern gestaltet sind. *Doppelzimmer mit Frühstück ab etwa 110 €.*

14,3 km | 18 Min. **Lindenring 36, 06618 Naumburg, Tel. 03445 261080, E-Mail: reservierung@ck-domstadt-hotels.de, www.hotel-zur-alten-schmiede.de.**

FÜR ENTDECKER Besichtigen Sie unbedingt den Naumburger Dom mit seinen zwölf Stifterfiguren. Sehenswert ist auch die Stadtkirche St. Wenzel, eine dreischiffige Hallenkirche mit der Hildebrandorgel, auf der schon Johann Sebastian Bach gespielt hat. Vom 72 Meter hohen Wenzelsturm hat man einen vorzüglichen Rundblick über Stadt und Umland.

A 4 Ausfahrt Dresden-Hellerau

WINZER LUTZ MÜLLER

Weine mit Weitblick

Jedes Jahr im März fängt die Saison der Straußwirtschaft an. Mitten zwischen den Reben können Sie dann oberhalb der Elbe Lutz Müllers klare, frische Weine trinken. Bierbänke stehen im Schutz der Weinbergmauer, daneben sind Weinstand und Holzofen aufgebaut. Je nach Jahreszeit backen darin Flammkuchen oder Foccacia. Im Jahr 2000 gingen die Müllers mit ihrem Weingut im Nebenerwerb an den Start; ihre Weine ließen sie in einem bekannten Weingut ausbauen. Nachdem Sohn Lutz im ehemaligen Staatsweingut Radebeul seine Ausbildung gemacht und Erfahrungen in westdeutschen und kalifornischen Weinregionen gesammelt hatte, schlugen die Müllers einen anderen Kurs ein: 2012 war der erste Jahrgang, den sie in ihrem eigenen Keller ausbauten. Dafür haben sie das halb verfallene Kavaliershaus in der Parkanlage von Schloss Albrechtsberg umgebaut. Es gibt dort zwei Ferienwohnungen direkt über dem Weinkeller. In ihm haben sie einen Laden installiert – neben Wein, schönen Geschenken gibt es auch Kaffee und Eis …

7,1 km | 12 Min.

Bautzner Straße 130, 01099 Dresden,
Tel. 0172 9930205, E-Mail: mail@winzer-lutzmueller.de,
www.winzer-lutz-mueller.de.

Die Weine

Laben können Sie sich an dem kernig trocken ausgebauten *Müller-Thurgau* oder an einer sensationellen *Traminer Spätlese trocken*, die unglaublich duftig daherkommt und an Rosen, Limonen und Muskatnuss erinnert. Am Gaumen haben Sie den Eindruck, dass jede Menge Gewürze mitschwingen, etwa Sandelholz und Kardamom. Alles, was der Wein verspricht, hält er auch noch lange im Nachhall.

Caroussel Nouvelle

Im Relais und Châteaux Hotel Bülow Palais im Herzen des Dresdner Barockviertels verschmolz 2021 das Bistro mit dem Fine-Dining-Restaurant Caroussel. Das neue Restaurantkonzept heißt Caroussel Nouvelle. Der Einfluss der Gourmetküche bleibt unverkennbar, aber es wurde internationaler. Serviert wird auf Meissener Porzellan, spannende Weine und urbane Lässigkeit heben die traditionellen Restaurantgrenzen auf. Verantwortlich für das neue Gastro-Konzept zeichnet Küchenchef Sven Vogel; Gastgeber ist Dennis Gläßer. Weitere Genuss-Spots sind die Palais Bar, die Cigar Lounge sowie in den Sommermonaten die Terrasse zur Königstraße. Im Palais-SPA mit seinen drei Saunen und den vier Behandlungsräumen für Kosmetik und Massagen kommen Wellness-Fans auf ihre Kosten. Im Rahmen liebevoll zusammengestellter Arrangements mit Semperoper-Tickets und privaten Stadtrundgängen entdecken die Gäste Dresden und die Umgebung. Veranstaltungen wie der Golf & Gourmet-Cup, das VDP-Weinfestival oder das Erntedankfest runden das Angebot ab. *Klassiker-Hauptgerichte ab 28 €, von Dienstag bis Samstag zwischen 18 und 22 Uhr 4-Gänge-Gourmetmenü ab etwa 94 € oder 5-Gänge-Menü ab 110 €.*

5,3 km | 8 Min.

**Königstraße 14, 01097 Dresden, Tel 0351 80030,
E-Mail: info.residenz@buelow-hotels.de, www.buelow-palais.de.**

Maritim Hotel Dresden

Das Hotel liegt sehr praktisch – direkt am Ufer der Elbe, sodass Sie zu Fuß die gesamte Stadt erkunden können. Die Zimmer sind großzügig, hell und sehr elegant. Ein exklusiver Wellnessbereich mit Schwimmbad, Saunen, Fitness, Massage und Kosmetik lädt Sie ein zu entspannen. Wenn Sie abends ins Hotel kommen, kann es gut sein, dass Sie noch Lust haben, an der Pianobar einen Drink zu nehmen. Um den Tag gut zu beginnen, steht Ihnen ein reichhaltiges Frühstücksbüffet im Restaurant Wintergarten mit Elbterrasse zur Verfügung. Zu Mittag und Abend können Sie dort natürlich auch essen – ebenfalls mit einmaliger Aussicht. *Doppelzimmer mit Frühstück ab 144 €.*

6,1 km | 9 Min.

**Ostra-Ufer 2, 01067 Dresden,
Tel. 0351 2160, E-Mail: info.dre@maritim.de,
www.maritim.de oder www.dresden-congresscenter.de.**

A 4 Ausfahrt Dresden-Neustadt

SCHLOSS WACKERBARTH

Einzigartiges Erlebnisweingut!

Mehr als 190 000 Gäste staunen jedes Jahr über das Ensemble aus barocker Schloss- und Gartenanlage mit hoch darüber thronendem Belvedere, malerischem Terrassenweinberg, der ultramodernen, gläsernen Wein- und Sektmanufaktur sowie dem gutseigenen Restaurant und Markt. Um den Cool-Climate-Weinen, der Weinkultur und auch der Weinregion näherzukommen, machen Sie am besten eine der Führungen. Für immer im Gedächtnis bleibt einem die Herstellung einer Sekt-Cuvée, wie sie in der gläsernen Manufaktur audiovisuell anschaulich dargestellt wird. Bei schönem Wetter lohnt es sich, die zweistündige Weinbergswanderung mit Verkostung zu buchen. Danach haben Sie den passenden Appetit für das empfehlenswerte Gasthaus mit seiner außergewöhnlichen Kuchenauswahl. Oder Sie genießen das malerische Ambiente und die kulinarischen Angebote entspannt im Weingarten auf den Sonnenterrassen oder besuchen eine der Veranstaltungen oder Verkostungen. Schloss Wackerbarth verspricht Genuss für alle Sinne.

5,6 km | 11 Min.

Wackerbarthstraße 1, 01445 Radebeul, Tel. 0351 89550, E-Mail: kontakt@schloss-wackerbarth.de, www.schloss-wackerbarth.de.

Die Weine €€

Die Lagenweine vom Goldenen Wagen, Wackerbarth und Paradies sind eine Empfehlung wert. Ein ganz besonderer Wein ist der *Radebeuler Goldener Wagen Alte Reben*. Nach altem Vorbild wurde ein gemischter Satz von Traminer, Riesling, Silvaner und Grauburgunder ausgebaut. Schon im Duft fasziniert er mit seinem Spiel, an Blaubeeren und Muskat erinnernd. Obwohl er viel Kraft besitzt, sorgt seine Mineralität für eine beeindruckende Eleganz. Die Sekte aus dem Hause Wackerbarth gehören zu den besten in Deutschland.

Weinstube im Weingut Hoflößnitz €

Im Zentrum der sächsischen Weinkulturlandschaft liegt die Hoflößnitzer Weinstube mit ihrer wunderschönen Weinterrasse. Passend zu den Weinen werden kleinere Gerichte angeboten. Machen Sie am besten auch eine Weinprobe mit. Neben den klassischen Sorten wie Traminer, Riesling oder Grauburgunder werden hier gerade die ersten sogenannten PIWIs wie Johanniter und Souvignier Gris angebaut. Die pilzresistenten Rebsorten haben den Vorteil, dass sie kaum noch gespritzt werden müssen. 2011 wurde hier ein wunderschönes Winzerhaus liebevoll restauriert und steht nun als Gästehaus zum Wohnen zur Verfügung. Auch ein Abstecher ins Sächsische Weinbaumuseum lohnt sich. *Speisen ab etwa 6 €.*

4,6 km | 10 Min. **Knohllweg 37, 01445 Radebeul, Tel. 0351 8398333, E-Mail: info@hofloessnitz.de, www.hofloessnitz.de.**

Hotel Villa Sorgenfrei & Restaurant Atelier Sanssouci €€€

Die Villa Sorgenfrei gehört zu den schönsten historischen Weingütern der Region Dresden-Radebeul. In 14 individuellen Zimmern und zwei Suiten, bei einem Abendessen im Atelier Sanssouci oder einem Ausflug in die Umgebung der Weinberge bleibt Zeit für Erholung, Genuss und Zweisamkeit. Im Atelier Sanssouci (1 Michelin-Stern, 2 rote Hauben im Gault Millau und 7 Pfannen im Gusto) kreiert Küchenchef Marcus Langer feine Gaumenfreuden für Genießer. Er hat sich ganz der französischen Küche verschrieben und interpretiert sie mit großer Sorgfalt und handwerklichem Können stets klassisch und modern. Der charmante und professionelle Service liegt in der Hand von Maître und Sommelier John Piotrowsky. Als leidenschaftlicher Gastgeber führt er durch die Genusswelten von Marcus Langer und empfiehlt mit Fachkenntnis und Gespür für individuelle Vorlieben außergewöhnliche Weine. *Doppelzimmer mit Frühstück ab etwa 150 €.*

3,3 km | 6 Min. **Augustusweg 48, 01445 Radebeul, Tel. 0351 7956660, E-Mail: info@hotel-villa-sorgenfrei.de, www.hotel-villa-sorgenfrei.de.**

BADEN

A 5

Ludwigshafen
Mannheim
Heidelberg
Neckar
Kaiserslautern
Neustadt
an der Weinstraße
Speyer
A6
A65
A5
Rhein
40
41
42
43
44
Karlsruhe
A8
Pforzheim
FRANKREICH
Rastatt
A35
45
46
Baden-Baden
A4
47
Straßburg
48
Offenburg
Neckar
A81
49
50
51
52
53
Freiburg
54
55
56
57
58
Villingen
Schwenningen
Tuttlinger
Donau
Lörrach
59
Rhein
Basel
A3
SCHWEIZ

A 5

BURGUNDER VOM FEINSTEN

Ab und zu ein kühles Windchen: In der Ortenau gedeihen hervorragende Rieslinge.

Baden

Über die unglaubliche Länge von 400 Kilometern zieht sich das badische Weinbaugebiet. Kein Wunder, dass die Weine so unterschiedlich ausfallen. Im Markgräflerland südlich von Freiburg sollten Sie unbedingt den Gutedel probieren, das ist ein leichter, trockener, sehr bekömmlicher Wein mit wenig Säure. Er gilt bei den Markgräflern als typischer Schoppen- und Alltagswein. Ich mag ihn besonders gern im Herbst zur Linzer Torte. Letztere wird mit frischen Nüssen gebacken und Gutedel bringt ebenfalls einen feinen nussigen Geschmack mit.

Als Badenerin liegt mir der Kaiserstuhl natürlich besonders am Herzen, aber verflixterweise liegt er nicht direkt an der Autobahn. Vor allem die Burgunderweine laufen hier zu ganz großer Güte auf. Die ehemalige Vulkangegend mit dem sehr heißen Klima gibt auch den Rotweinen ein starkes Rückgrat und bringt warme, weiche und kraftvolle Spätburgunder hervor. Wenn Sie ein bisschen mehr Zeit haben, lohnt es sich, die wunderbaren Weingüter am Kaiserstuhl und das eine oder andere hervorragende Restaurant zu besuchen. Dort braucht man nicht unbedingt ein Sternerestaurant, die Messlatte für Qualität liegt in der Region durchgehend sehr hoch.

Die an den Ausläufern des Schwarzwalds gelegene Ortenau wartet mit hervorragenden Rieslingen und Burgunderweinen auf. Während Baden eigentlich eher für Burgunder steht, wachsen in der Ortenau Rieslinge von allerhöchster Güte. Die kühleren Winde des Schwarzwalds sorgen für eine längere Reifezeit der Trauben und die etwas höheren Niederschläge wirken sich ebenfalls positiv aus. Die Ortenau-Rieslinge verfügen über eine wunderbare Fruchtigkeit, Mineralität und Eleganz.

Das nördlichere Baden mit dem Kraichgau und der badischen Bergstraße hat sich in den letzten Jahren enorm etabliert, die Winzer sind kreativ und innovativ. Natürlich finden die Burgunderweine hier ideale Bedingungen. Eine tolle Spezialität ist der Auxerrois. Er duftet floral, ähnlich wie Weißburgunder, wirkt dabei aber leichter und verspielter. Ein richtiger Frühlings- und Sommerwein. Neben modernen Rebsorten, wie Sauvignon blanc, Cabernet Sauvignon und Merlot, baut man hier auch immer mehr den noch recht unterschätzten Lemberger/Blaufränkisch an. Ich verspreche Ihnen: Dieser Wein wird Sie begeistern!

Winzig ist die nördlichste Region Tauberfranken, die bis an die Tore von Wertheim reicht. Wie im benachbarten Franken finden Silvaner und Müller-Thurgau hier ideale Bedingungen, sodass sie charaktervoll ausfallen. Ein leichter Rotwein für jeden Tag ist der Schwarzriesling, aber auch die Spätburgunder haben viele Anhänger.

Im Markgräflerland hat der Gutedel mit seinem feinen nussigen Aroma Tradition.

40

A 5 Kreuz Heidelberg

WEINGUT CLAUER

Tinte aus Spätburgunder

Familie Clauer ist wirklich rührig, in ihrem Weingut sind Gäste immer herzlich willkommen – ob zur Weinprobe oder zu einer ihrer liebevoll organisierten Veranstaltungen, wie dem Markt der Genüsse, den Jazzfrühschoppen, Sundowner im Weingut oder dem Rotweinfest. Apropos Rotwein: Ich schreibe mittlerweile mit Clauers Rotweintinte, die in Zusammenarbeit mit einem Schreibwarengeschäft exklusiv entwickelt wurde. Das hat schon was! Auf der Heidelberger Sonnenseite „Ob der Bruck“, einem der letzten Relikte der Weinkultur im Umfeld dieser traditionsreichen Stadt, baut die Familie Clauer sehr bekömmlichen Riesling an. Am besten genießen Sie diesen im Heidelberger Schloss, wo das berühmte große Holzfass mit einem Fassungsvermögen von 200 000 Litern zu sehen ist. Und last but not least haben Sie die Möglichkeit, Ihr Fest, sei es Hochzeit, Geburtstag oder Ähnliches, in der Eventlocation Gaudeamusstube zu feiern. Sie merken schon – Clauers denken an alles.

9,1 km | 15 Min.

Dormenackerhof 1, 69126 Heidelberg,
Tel. 06221 382439, E-Mail: post@weingutclauer.de,
www.weingutclauer.de.

Die Weine €

Probieren Sie unbedingt Clauers *Chardonnay* (8,10 €). Er kommt trocken, blumig und nicht zu breit daher. Oder ihren frischen und sommerlichen Weißwein *Laetitia* (10,20 €), Cuvée aus Scheurebe/Weißburgunder, der wie ein Korb frischer Birnen und Kiwi duftet. Am Gaumen zeigt er sich saftig, leicht und frisch.

Scharffs Schlossweinstube €

Das Heidelberger Schloss ist immer einen Besuch wert. Natürlich tummeln sich hier jede Menge Touristen, schließlich zählt die Ruine mit ihren Gärten und dem Fasskeller zu den deutschen Top-Sehenswürdigkeiten. Ein weiterer Grund für einen Ausflug in die historischen Mauern über der Stadt ist Martin Scharffs vielfältige Gastronomie. Keine Touristenfalle, sondern richtig hervorragende Produkte von höchster Qualität, die von Spitzenkoch Martin Scharff mit seiner unerschöpflichen kulinarischen Kreativität zubereitet werden. Sie haben die Wahl zwischen dem À-la-carte-Restaurant Schlossweinstube, in dem Klassiker modern interpretiert werden, und dem darunterliegenden historischen Backhaus mit authentischer Kurpfälzer Küche. Für mich der Mega-Clou: die im Winter im historischen Königsaal und im Sommer im romantischen Schlosshof stattfindenden Musik-Dinner-Shows. Hier trifft hochkarätige Musik auf hochkarätige Menüs. Ein Rundum-Genuss. *4-Gänge-Menü in der Schlossweinstube klassisch ab 95 €, vegetarisch ab 85 €, Hauptgerichte im Backhaus ab etwa 8,90 €. Gruppen-und Privatbuchungen ganzwöchig auf Anfrage.*

6,2 km | 13 Min.

Schlosshof 1, 69117 Heidelberg,
Tel. 06221 8727010, E-Mail: info@hdsre.de,
www.heidelberger-schloss-gastronomie.de.

Hotel & Restaurant Weißer Bock € €

Es gibt Klassiker, die man immer wieder gerne besucht. Ganz vielen Gästen geht es vor allem in der Spargelzeit so, man freut sich auf die regionalen Spargel im Weißen Bock. Aber auch für die Kreationen von Küchenchef Alexander Flachsbarth lohnt sich immer wieder ein Besuch dort. Die Übernachtungsgäste freuen sich, inmitten der Stadt Heidelberg zu sein, alle Sehenswürdigkeiten lassen sich bequem zu Fuß erreichen. Geschäftsführerin Katharina Merz vom Weißen Bock hat die besten Tipps in der Altstadt für Sie parat. Die Hotelzimmer sind sehr schön mit viel warmem Holz gestaltet. *Doppelzimmer ab 125 € ohne Frühstück.*

5,6 km | 10 Min.

Große Mandelgasse 24, 69117 Heidelberg,
Tel. 06221 90000, E-Mail: info@weisserbock.de,
www.weisserbock.de.

41

A 5 Ausfahrt Heidelberg/Schwetzingen

THOMAS SEEGER

Mit Harley und Beiwagen durch die Weinberge

Thomas Seeger ist ein echter Typ mit viel Charisma und er hat viel bewegt. Ich erinnere mich immer noch gerne, als ich bei Filmaufnahmen im Beiwagen seiner Harley durch die Reben mitfahren durfte. Seeger ist einer der großen Pioniere deutscher Rotweine. Beim Deutschen Rotweinpreis steht er praktisch jedes Jahr auf dem Siegertreppchen. Er gehört zu den ersten Winzern Deutschlands, die mit Cuvéeweinen für Furore sorgten. *ANNA* (aus Spätburgunder, Lemberger, Blauem Portugieser und Schwarzriesling) war vor 30 Jahren die erste mir bekannte Rotwein-Cuvée aus Deutschland. Wer hätte es gedacht – *ANNA* wurde nach der Tochter von Sanni und Thomas benannt. Mittlerweile studiert sie in Geisenheim. Das hat die Familie bestärkt, sodass sie vor Kurzem einen neuen Gewölbekeller gebaut hat. Der große Vorteil des klassischen Kellers ist, dass dieser ganzjährig gleichmäßig kühl ist. Außerdem haben sie oberirdisch einen speziellen Rotweinmaische-Gärkeller errichtet. Vor allem ihre Spätburgunder sind großes Kino.

6,3 km | 10 Min.

Rohrbacher Straße 101, 69181 Leimen/Heidelberg, Tel. 06224 72178, E-Mail: info@seegerweingut.de, www.seegerweingut.de.

Die Weine €€€

Jedes Jahr gefragt sind Thomas Seegers Großen Gewächse. Sein *Spätburgunder R* ist für 36 € zu bekommen, der *Spätburgunder RR* für 64 € und der *Spätburgunder RRR* für 120 €. Ich will Sie aber nicht abschrecken, Seeger kann natürlich auch ganz normal: finessenreiche Weiß- und Grauburgunder zu 7 € oder einen leckeren Spätburgunder als Gutsweinvariante zu 8,40 €. Mein derzeitiger Favorit ist ja der *Blaufränkisch S trocken* (19,50 €) – dunkelfarbig mit betörendem Duft nach weihnachtlichen Gewürzen und dunklen Beeren. Am Gaumen zeigt er seine muskulöse Art. Er ist ein toller Begleiter zu Fleischgerichten.

Restaurant 959 €€€

In der Orangerie, mitten in der Stadt Heidelberg wurde eine echte „Wow-Adresse" geschaffen! Von außen an Frankreich und seine Bistros erinnernd, weht einem beim Betreten des Restaurants regelrecht weltstädtisches Flair entgegen. Eine wunderschöne Kulisse, um große Weine zu genießen und einzunehmen – und sich mit der passenden Küche verwöhnen zu lassen. Oder auch um einfach mittags zügig einen Business-Lunch zu essen.

Passende Ergänzung: die wunderschöne edle Pino's Bar. Für den Aperitif, den Drink, Zigarren, Musik und mehr! Fragt man die leidenschaftlichen Gastgeber Raúl und Nadine Salazar nach ihrer Philosophie: „Gute Gespräche – Zusammensein! Ein Ort für Menschen, die den Moment genießen."

7,6 km | 14 Min.

Friedrich-Ebert-Anlage 2, 69117 Heidelberg,
Tel. 06221 6742959, E-Mail: 959@959heidelberg.com,
www.959heidelberg.com.

Hotel Europäischer Hof Heidelberg €€€

Seit über 150 Jahren gilt der Europäische Hof als das erste Haus am Platze. Es ist immer wieder ein Erlebnis, im 5-Sterne-Superior-Hotel mitten in Heidelberg zu übernachten, zu feiern oder zu essen. Die Zimmer vermitteln genau jene Atmosphäre, wie man sie in einem klassischen Grandhotel erwartet. Alles ist vom Feinsten und luxuriös, ohne aufdringlich zu sein. Die Seele können Sie im Panorama Spa über den Dächern von Heidelberg baumeln lassen – einer Wohlfühloase mit Sauna, Dampfbad, Schwimmbad und Sonnenterrasse mit Blick auf das weltberühmte Heidelberger Schloss. Kulinarisch werden Sie in der Kurfürstenstube oder im Sommerrestaurant mit Terrasse nicht weniger hervorragend verwöhnt. Neben einem Degustationsmenü finde ich auch das angebotene vegetarische Menü sehr ansprechend. *Doppelzimmer mit Frühstück ab etwa 278 €.*

7,6 km | 12 Min.

Friedrich-Ebert-Anlage 1, 69117 Heidelberg,
Tel. 06221 5150, E-Mail: welcome@europaeischerhof.com,
www.europaeischerhof.com.

42 A 5 Ausfahrt Kronau

RUDOLF BOSCH

ice - earth - fire

Die Weinnamen wie *ice* für den Perlwein, *earth* für Weißwein und *fire* für Rotwein lassen schon erraten, dass es sich hier um ein junges, sehr dynamisches Weingut handelt. Nachdem Andreas Braunecker 2007 sein Studium in Geisenheim abgeschlossen hatte, übernahm er das Hobbyweingut seines Onkels. Seine Frau Nadine – Winzertochter und ehemalige Weinkönigin – lernte er im Studium kennen und entschloss sich, mit ihr aus dem Hobbyweingut einen Haupterwerbsbetrieb zu machen. Mittlerweile verfügen sie über acht Hektar und bieten ihre Weine in fünf Qualitätslinien an: Esprit, young elements (*ice, earth* und *fire*), Stilart, Signatur und Charisma. Die gehobenen Rebsorten-Weine finden sich in der Esprit-Linie. Im weißen Segment ist ein Müller-Thurgau von 40 Jahre alten Reben zu beachten. Bei der Signatur-Linie beginnt die Oberklasse. In der Charisma-Linie zeigt Andreas Braunecker die Spitzenweine des Weinguts. Aktuell bietet er einen Riesling vom Schieferboden und einen Spätburgunder an. In dieser Premiumklasse ist auch der im Weingut Bosch ausgebaute, geheimnisumwitterte *Spätburgunder Elysium* anzusiedeln.

3 km | 5 Min.

An der Oberen Lußhardt 1/1, 76709 Kronau,
Tel. 07253 9324024, E-Mail: info@weingutbosch.com,
www.weingutbosch.com.

Die Weine €

Unbedingt verkosten müssen Sie den exzellenten *Frühburgunder Signatur trocken* (14,50 €) – für mich einer der besten Frühburgunder überhaupt. Oft neigt die rote Burgunderrebsorte zu sehr marmeladigen Weinen, da die Trauben so früh reif werden. Boschs Frühburgunder zeigt sich dunkelfarbig, warm und mit einem Duft von unglaublich vielen Gewürzen. Am Gaumen ist er trotz seiner Kraft wunderbar weich und geschmeidig. Sie stehen aber auch für frische und animierende Weine, wie ihr *Auxerrois Esprit* (9,30 €) oder *Grauburgunder gris de gris trocken* (12,80 €) – kraftvoll mit viel Schmelz!

Gärtners Restaurant €

Es gibt sie noch, die Restaurants, die als Familienbetrieb geführt werden und in denen man sich als Gast entsprechend willkommen fühlt. Dies gilt für das Gärtners Restaurant – es ist wunderbar locker, eine tolle Atmosphäre – eben genau so, wie wir uns das eigentlich wünschen und es schätzen! Alles wirkt sehr stimmig und beim Essen geht es so weiter. Der Schwerpunkt liegt ganz klar auf Regionalität. Das leckere Brot kommt beispielsweise aus Weiher, die Freilandhähnchen aus Graben-Neudorf, frisches Gemüse vom Markt und bestes Fleisch aus Zeutern. Gärtners kochen regional, aber alles mit etwas Pfiff, wie Buchweizensalat mit geschmortem Kohlrabi, Wildkräutersalat und pochiertem Freiland-Ei vom Bauernhof Melder. Viele zieht es auch wegen der besonderen Burger hin. Der Wein kommt vom nahe gelegenen Weingut Bosch. *Hauptgerichte ab 12,50 €.*

7,7 km | 9 Min.

Alte Poststraße 41, 76698 Ubstadt-Weiher,
Tel. 07251 6612, E-Mail: hallo@gaertners-restaurant.de,
www.gaertners-restaurant.de.

Hotel Villa Medici € €

Das familiengeführte 4-Sterne Hotel am Kurpark von Bad Schönborn ist immer wieder ein Erlebnis. In den modern gestalteten Zimmern möchte man am liebsten mehrere Tage verbringen. Auf 300 Quadratmeter Wellness und Fitness kann man Sauna und Infrarotkabine kostenfrei nutzen. Im Ristorante Dolce Vita werden Sie mit einer badisch-mediterranen Küche verwöhnt. Grandios ist die üppig bestückte Weinkarte mit den besten Tropfen aus dem In- und Ausland. Als Hintergrund muss man wissen, dass die Betreiberfamilie in Leimen eine wunderbare Vinothek, Villa di Vino, führt. Dort können Sie sowohl die regionalen Weine erwerben, aber auch die besten Weine aus Italien, Frankreich, Kalifornien etc. verkosten. *Doppelzimmer je nach Saison ab 112 €, Frühstück pro Person 23 €.*

6,6 km | 7 Min.

Waldparkstraße 20, 76669 Bad Schönborn,
Tel. 07253 98710, E-Mail: info@hotel-villa-medici.de,
www.hotel-villa-medici.de.

43

A 5 Ausfahrt Bruchsal

WEINGUT KLUMPP

Sie leben Önotourismus ganz und gar!

Was in den 80er-Jahren mit den beiden Quereinsteigern Marietta und Ulrich Klumpp begann, hat sich schnell zu einem weithin beliebten Weingut entwickelt. Eine große Entscheidung war es für die beiden, als sie mit ihrem Weingut 1990 an den Stadtrand von Bruchsal zogen. Nachdem klar war, dass die Söhne Markus und Andreas noch weinverrückter sind und nach Erfahrungen bei den besten Weingütern weltweit wieder nach Hause kamen, fingen sie an, richtig zu bauen. Gemeinsam haben sie ein supermodernes Weingut geschaffen – mit viel Glas, Holz und Beton ... Zurzeit legen sie wunderschöne Terrassen aus Muschelkalk an. Wenn Sie dort mit einem ihrer köstlichen Weine sitzen, rückt der Alltag weit in die Ferne. Die Qualität der Weine immer noch wie ein Schräubchen weiterzudrehen, ist seit jeher ihr Ding. Seit 1996 sind sie offiziell „ökologisch“ zertifiziert. Ihre Reben bearbeiten sie nach dem Mondkalender und legen ganz großen Wert auf die Herstellung ihres eigenen Komposts.

4,5 km | 5 Min.

Heidelbergerstraße 100, 76646 Bruchsal,
Tel. 07251 16719, E-Mail: info@weingut-klumpp.com,
www.weingut-klumpp.com.

Die Weine €€

Ihre Einstiegsweine überzeugen mit ihrer Komplexität und ihrer dennoch angenehm leichten Art. Bei den Weißweinen streben sie generell 12–12,5% Alkohol an – sodass die Finesse und das Terroir in den Vordergrund treten. Mittlerweile schon legendär ist ihr *Grauburgunder Rothenberg*, der beim Falstaff 2021 als der „Beste Grauburgunder Deutschlands" ausgezeichnet wurde und im Jahr 2022 wieder auf dem zweiten Platz landete. Gefragt sind auch ihre kraftvollen Rotweine, wie *Weiherberg Pinot Noir* und *Rothenberg St. Laurent*. Etwas leichter präsentiert sich die Sonderedition *Hand in Hand Spätburgunder* eine Cuvée von Kellermeister Markus Klumpp mit Ehefrau und Winzerin Meike Näkel von der Ahr.

Restaurant das kleine feine €

Das Golfrestaurant präsentiert sich modern mit wunderschönen Glasfronten zum Golfplatz. Die Küche ist ein toller Mix aus regional und mediterran. Wer es deftiger mag, kann sich zur Vorspeise für Himmel und Erde entscheiden, die anderen vielleicht eher für die Marseiller Fischsuppe oder Ceasar Salad. Beim Hauptgang wird es noch schwerer, ob es ein exzellenter Fisch wie Dorade oder Seezunge sein soll oder lieber das Chateaubriand oder Prime Beef Filet. Die Weinkarte lässt keine Wünsche offen und reicht von den regionalen Spezialitäten über Frankreich und Italien. *Hauptgang ab 17,90 €.*

6,7 km | 9 Min. **Langental-Siedlung 2a, 76646 Bruchsal, Tel. 07251 3022722, E-Mail: info@dierestaurants.net, www.daskleinefeine.de.**

Hotel Scheffelhöhe €€€

Die Scheffelhöhe in Bruchsal bietet in ruhiger Lage 95 Zimmer in verschiedenen Kategorien an. Die Zimmer sind komfortabel, hell und modern eingerichtet und haben zum Großteil eine wunderschöne Aussicht über die Hügelregion. Im Wellnessbereich können Sie sich in Sauna und Dampfbad entspannen oder den Fitnessbereich nutzen. Der Service ist aufmerksam. Im hauseigenen Restaurant Belvedere werden Sie mit frischen regionalen und mediterranen Gerichten verwöhnt, dazu werden Weine der umliegenden Weingüter serviert, im Sommer auf der Panoramaterrasse. *Doppelzimmer mit Frühstück ab etwa 159 €.*

5,1 km | 7 Min. **Adolf-Bieringer-Straße 20, 76646 Bruchsal, Tel. 07251 8020, E-Mail: hotel@scheffelhoehe.de, www.scheffelhoehe.de.**

FÜR ENTDECKER Sie können das Barockschloss Bruchsal mit dem eindrucksvollen Treppenhaus von Balthasar Neumann besichtigen. Versäumen Sie nicht das Musikautomatenmuseum!

44

A 5 Ausfahrt Durlach

STAATSWEINGUT KARLSRUHE-DURLACH

Der Turmberg als Wein-Wahrzeichen

Auf alle Fälle macht es Spaß, eine kleine Wanderung auf den Hausberg des Karlsruher Stadtteils Durlach zu unternehmen. Über das Hexenstäffele, einen Treppenweg, erreichen Sie nach 528 Stufen den Gipfel. Oder Sie fahren mit der Turmbergbahn hinauf, der ältesten noch im Betrieb befindlichen Standseilbahn Deutschlands. Das zum Fuße des Turmbergs angesiedelte Weingut erlebte über die Jahrhunderte eine wechselvolle Geschichte und wurde Ende der 1880er-Jahre an die vormals eigenständige Stadt Durlach abgetreten. Seit 1993 hat die Landeskreditbank Baden-Württemberg die Geschicke des Weinguts übernommen. Heute werden 8,5 Hektar bewirtschaftet. Das Team des Staatsweinguts erwartet Sie im hofeigenen Weinladen mit großer Freundlichkeit. Im Sommer können Sie im schönen Innenhof auch einen herzhaften Flammkuchen genießen.

6,1 km | 7 Min.

**Posseltstraße 19, 76227 Karlsruhe,
Tel. 0721 940570, E-Mail: staatsweingut@l-bank.de,
www.turmbergwein.de.**

Die Weine

€

Neben fein balancierten Spätburgundern und Lembergern bietet das Staatsweingut frische, rassige Rieslinge und weiße Burgunderweine. Zu seinen Spezialitäten gehört vor allem der für das Weingut sehr typische *Auxerrois trocken* (11 €), der sehr floral, wie an weiße Lilien erinnernd, fein und balanciert daherkommt. Ein fruchtiger, frischer und wirklich leckerer Rosé ist der *Lemberger & Spätburgunder* (9,50 €). Gut gekühlt ist er einfach ein perfekter Sommerwein.

Restaurant Anders auf dem Turmberg

€ € €

„Anders" trifft den Nagel auf den Kopf. Sören Anders – ehemals „jüngster Sternekoch Deutschlands" verändert und aktualisiert immer wieder gerne seine Konzepte. Viele kennen ihn natürlich auch aus dem Fernsehen, wo er beim ARD-Buffet immer wieder zu sehen ist.

Der Turmberg gehört zu den beliebtesten Ausflugszielen in Karlsruhe. Wunderschön ist es, oben angekommen sich im Hofbistro mit einem Flammkuchen oder Wildbratwürsten zu stärken. Im Sommer ist die umlaufende Terrasse mit nichts zu toppen. Im Restaurant wissen die Gourmets vor allem Sörens Wildgerichte – aus eigener Jagd – sehr zu schätzen. Wie es sich für Anders gehört, beeindruckt er mit immer wieder neuen Attraktionen, wie seinem Winterzauber – die längste Glühweintheke der Stadt – und genialster Aussicht! *Hauptgerichte ab etwa 33 €.*

6,7 km | 8 Min.

Reichardtstraße 22, 76227 Karlsruhe-Durlach,
Tel. 0721 41459, E-Mail: kontakt@anders-turmberg.de,
www.anders-turmberg.de.

Designhotel Der Blaue Reiter

€ €

In Karlsruhe gibt es seit jeher eine sehr aktive Kunstszene. Ein Highlight ist vor allem die jährlich wiederkehrende ART-Kunstmesse. Idealerweise betten Sie danach Ihr Haupt am besten im Designhotel Der Blaue Reiter, welches vor über 20 Jahren von Iris und Wolfgang Fränkle eröffnet wurde. Seit einigen Jahren liegt die Leitung in den Händen des Sohns Marcus Fränkle. Er hat das Hotel im Laufe der Zeit um einen imposanten Glaskubus mit weiteren Zimmern erweitert und einen lichtdurchfluteten Wintergarten und aktuell eine sehr coole Bar geschaffen. Zimmer gibt es in ganz unterschiedlichen Kategorien bis hin zu sehr ausgefallenen Suiten – natürlich alle modern gestaltet und mit geschmackvollen Kunstwerken ausgestattet.

1,5 km | 3 Min.

Amalienbadstraße 16, 76227 Karlsruhe-Durlach,
Tel. 0721 942660, E-Mail: info@hotelderblauereiter.de,
www.hotelderblauereiter.de.

45

A 5 Ausfahrt Baden-Baden

WEINGUT KOPP

Önotourismus par excellence!

Das Weingut Kopp, in den 90er-Jahren gegründet, hat sich schnell einen Spitzenplatz in der Weinwelt erobert. Seit Sohn Johannes, im Jahre 2012, das Weingut übernommen hat, kam nochmals enorme Bewegung in das Unternehmen. Peu à peu konnte Johannes das Weingut auf 32 Hektar vergrößern. Somit musste auch ein neuer Keller gebaut werden – und dieser kann sich sehen lassen! Inspiriert durch seine vielfachen Erfahrungen in Südafrika, entstand das neue, moderne Gebäude des Weinguts. Aus Sichtbeton gebaut, besticht es durch seine eleganten hohen Räume und das stylische Restaurant mit Showküche. Sie sind dort jederzeit zu einer Weinverkostung herzlich willkommen. Das „i-Tüpfelchen" des Restaurants ist der Küchenchef Stefan Schmidt, der nach 24 Jahren in den Cap Winelands nach Baden zurückgekehrt ist. Besondere Freude bereiten dem Küchenchef die eigenen Highland-Rinder. Dazu noch einen der vielfach ausgezeichneten Spätburgunder des Weinguts zu trinken, ist ein Traum!

7,2 km | 10 Min.

Ebenunger Straße 23, 76547 Sinzheim-Ebenung, Tel. 07221 803601, E-Mail: info@weingut-kopp.com, www.weingut-kopp.com.

Die Weine €€

Sichtlich stolz ist Johannes Kopp, dass seine Weine seit dem Jahr 2022 Demeter-zertifiziert sind. Ob Sie einen leichten Weißburgunder, einen Rosé für jeden Tag oder einen gereiften Chardonnay zum Essen suchen – bei Kopp werden Sie nicht nur fündig, sondern begeistert sein! Unschlagbar sind seine sehr feinen und eleganten Spätburgunder. Johannes Kopp bietet sechs unterschiedliche Spätburgunder an.

Restaurant Le Jardin de France €€€

Seit 25 Jahren betreiben Sophie und Stephan Bernhard nun schon ihr Gourmetrestaurant in Baden-Baden – seit vielen Jahren mit einem Michelin-Stern ausgezeichnet. Stephan Bernhard schaut nach den allerbesten Produkten, ob Fisch, Meeresfrüchte, Fleisch oder Gemüse. Seine Käseauswahl bezieht er vom bekannten Käsepapst und Affineur Bernard Antony. Mit typisch französischem Touch wird jedes Gericht zu einem Erlebnis. Empfehlenswert ist das *Mittagsmenü, bei dem Sie 3 Gänge zu 48 €* genießen können. Sophie Bernhard kennt ihre Gäste auf das Beste und hat immer die passende Weinbegleitung parat, ob aus dem Ländle oder aus Frankreich. Apropos Frankreich – vor einem Jahr sind Bernhards in das in Baden-Baden schon als Institution bekannte und beliebte Stahlbad umgezogen, das in seinem unteren Bereich das Flair eines eleganten französischen Bistros vermittelt.

10,6 km | 13 Min. **Augustaplatz 2, 76530 Baden-Baden, Tel. 07221 3007860, E-Mail: info@lejardindefrance.de, www.lejardindefrance.de.**

Hotel am Markt €€

Selbstverständlich gibt es viele schöne Hotels in Baden-Baden. Angefangen vom legendären Brenners Parkhotel übers Dorint bis zum sympathischen Hotel Am Markt. Dieses hübsche, feine Privathotel in Familienbesitz bietet nette adrette Zimmer zu angenehmen Preisen. Ideal ist natürlich, dass Sie zu Fuß ruckzuck in den Thermen, der Innenstadt und den Restaurants sind. *Doppelzimmer mit Frühstück ab 110 €, plus Kurtaxe 3,50 €/Person.*

9 km | 13 Min. **Marktplatz 18, 76530 Baden-Baden, Tel. 07221 27040, E-Mail: info@hotel-am-markt-baden.de, www.hotel-am-markt-baden.de.**

FÜR ENTDECKER Natürlich ist das Festspielhaus von Baden-Baden eines der besten und größten Opernhäuser der Welt – kein Geheimtipp. Aber was viele nicht wissen: 80 Minuten und 30 Minuten vor jeder Aufführung gibt es einen sehr, sehr lohnenswerten Einführungsvortrag von Dariusz Szymanski. Danach verstehen Sie sogar die Zwölftonmusik.

AXEL BAUER

Große Cuvées – rot & weiß

Als Start-up stört es Axel Bauer nicht, dass er kein altes gewachsenes Weingut mit tiefen Kellern besitzt. Ganz im Gegenteil – er ist stolz auf sein modern-schnörkelloses Weingut im Industrieviertel von Bühl. Im Jahre 2013 produzierte Axel Bauer seinen ersten Jahrgang. Kein Geringerer als Winzerikone Bernhard Huber stand ihm damals zur Seite. Ursprünglich kommt Axel Bauer aus dem Marketingbereich, was dem Quereinsteiger natürlich sehr zugutekommt. Er hat ein sicheres Gespür, welche Trends im Wein gerade angesagt sind. Seine Grauburgunder laufen wie Schmitz' Katze, auch seine großen Rotwein-Cuvées werden von den Weinkennern sehr geschätzt, sie bestehen aus internationalen Rebsorten wie beispielsweise Cabernet Sauvignon, Merlot, Syrah, aber auch Tempranillo, Tannat oder Malbec! Alleine das spiegelt sein ungeheures Potenzial und seine Stärke wider – seinen Blick über den Tellerrand. Die Weine sind in eigene Qualitätslinien unterteilt – die Einstiegsweine werden als Handwerk angeboten und es geht dann weiter über Meisterstück und den Grands Vins zur Blacklist …

4,1 km | 5 Min.

**Erlenstraße 38, 77815 Bühl/Baden,
Tel. 07223 8301227, E-Mail: info@weingut-axel-bauer.de,
www.weingut-axel-bauer.de.**

Die Weine €€

Bei Weingutsbesitzer Axel Bauer sind alle Weine als Landweine ausgewiesen. Da er seine Bioweine alle mit Spontangärung ausbaut und in Holzfässern reifen lässt, haben sie auch eine eigene Stilistik und Ecken und Kanten. Vor allem liebt der Winzer Cuvées! Beispielsweise hat er schon bei den Einstiegsweißweinen eine wunderbar fruchtig-blumige *Cuvée C4*. Seine Rotweine wie die *Grande Cuvée* lassen sich auch in Blindverkostungen mit großen internationalen Weinen messen.

Restaurant Bergfriedel, Bühlertal, im Wein- und Klimahotel €€€

Diesen Stopp kann ich Ihnen nur wärmstens ans Herz legen! Viele Jahre schon hatte das Restaurant von Familie Schäuble einen „Bib Gourmant" im berühmten Michelin-Führer, bis dann der Grüne Stern für Topqualität und Nachhaltigkeit 2021 noch dazu kam. Andreas Schäuble kocht wie ein Gott – ob das regionale Menü mit heimischen Produkten oder sein legendäres Carpaccio oder Fisch, wie zum Beispiel Steinbutt und Meeresfrüchte – alles von höchster Güte! Die Weinkarte kann sich genauso sehen lassen, zu sehr fair kalkulierten Preisen bekommen Sie eine große Auswahl von namhaften Winzern aus Deutschland und Europa. Am besten buchen Sie gleich noch die Übernachtung hinzu. Die Themenzimmer sind nicht nur mit tollem Ausblick, sondern passend zum Namen gestaltet. Das Zimmer Bienenstock riecht nach frischen Bienenwaben, das Zimmer Hühnerstall hat natürlich die berühmte Hühnerleiter oder das Waldmannsheil mit Holzstoß, Fernglas etc.

9,5 km | 12 Min.

Haabergstraße 23, 77830 Bühlertal,
Tel. 07223 72270, E-Mail: info@bergfriedel.de,
www.bergfriedel.de.

Hotel Badischer Hof in Bühl €€

Inmitten von Bühl – alles fußläufig erreichbar – liegt das liebevoll sanierte Hotel. Die Wurzeln reichen in das Jahr 1563 zurück. Die urbadische Gastlichkeit wurde perfekt mit modernen Elementen verbunden. Sechs verschiedene Zimmerkategorien bieten alle Möglichkeiten bis hin zum Ferienappartement. Unbedingt empfehlenswert ist ihr Restaurant #Heimat – getreu nach dem Motto „heimatverliebt & weltoffen". Die Räumlichkeiten sind jung und frisch gestaltet – die Küche verbindet regionale mit Crossover. Super beliebt sind auch die exzellenten Fleischgerichte, im Green Egg gegart.

5,2 km | 8 Min.

Hauptstraße 36, 77815 Bühl,
Tel: 07223 808780, E-Mail: info@heimat-badischerhof.de,
www.heimat-gastro.de.

47

A 5 Ausfahrt Achern

HEX VOM DASENSTEIN

„Beste Genossenschaft Deutschlands" – 2022

Vielleicht haben Sie schon mal eine Flasche *Hex vom Dasenstein* mit der Hexe auf dem Etikett in den Händen gehalten? Ein beliebtes Touristen-Souvenir. Allerdings können die Kappelrodecker Weinbauern mit ihren Rebgärten am Fuß des Schwarzwalds auch ganz anders: Ihr Winzerkeller gehört zurzeit zu den innovativsten Kellereien in ganz Baden. Nicht nur die Qualitäten überzeugen, sondern auch die Ausstattung der Weine wirkt sehr edel. Kellermeister Thomas Hirt hat ein Faible für Badens Burgunderweine, insbesondere für die Paradesorte Spätburgunder. Im Jahre 2018 sind sie mit den Oberkircher Winzern eine Fusion eingegangen. Gemeinsam sind sie noch stärker und wurden in 2022 als beste Winzergenossenschaft in Deutschland vom Meiniger Verlag ausgezeichnet!

Vor einigen Jahren wurde eine weitere Weinlinie geschaffen, *Villa Heynburg*, bei der die Stilistik eher französisch wirkt. Der schicke Weinshop Hex vom Dasenstein jedenfalls lädt zum Verkosten und Weinkaufen ein, er ist eine richtige Weinerlebniswelt.

9,6 km | 10 Min.

Burgunderplatz 1, 77876 Kappelrodeck,
Tel. 07842 99380, E-Mail: info@dasenstein.de,
www.dasenstein.de.

Die Weine €

Unbedingt sollten Sie den Spätburgunderrotwein *Spätlese Alte Reben* verkosten. Er duftet verführerisch, erinnert an dunkle Schokoladen und schwarze Kirschen, am Gaumen wirkt er samtig und weich. Oder probieren Sie den *Spätburgunder von der Villa Heynburg*. Er ist sehr subtil und hat einen Duft wie Brombeermarmelade, Kakao, Pfeffer sowie frische Kräuter. Obwohl er eine so wärmende Wirkung verströmt, wirkt er dabei auch sehr elegant. Zu empfehlen sind auch die individuellen Spitzenweine Große Gewächse in limitierter Flaschenzahl.

Café-Restaurant Zuckerbergschloss €

Für Süßschnäbel bietet das Schwarzwälder Rotweindorf Kappelrodeck ebenfalls eine gewaltige Attraktion: das auf dem Berg thronende Zuckerbergschloss. Unbedingt müssen Sie hier die Schwarzwälder Kirschtorte probieren oder die verschiedenen Waffeln und Eisbecher. Zauberhaft wirkt es in dem Schlösschen, und nicht selten wird es deshalb auch für Hochzeiten genutzt. Im Sommer sitzen Sie auf der Terrasse eingebettet im Park und werden dem Alltag regelrecht entfliehen. *Hauptgerichte ab etwa 18 €.*

10 km | 10 Min.

**Grüner Winkel 60, 77876 Kappelrodeck,
Tel. 07842 3434, E-Mail: info@zuckerbergschloss.de,
www.zuckerbergschloss.de.**

Hotel Restaurant Rebstock €€

Schon optisch ist der alte, ehrwürdige Rebstock im wunderschön erhaltenen denkmalgeschützten Fachwerkhaus eine Augenweide. Und wenn Sie erst einmal dort zu Gast waren, werden Sie ihn bestimmt vielen Freunden empfehlen. Die Zimmer sind hübsch und komfortabel, in hellem Holz ausgebaut und mit liebevollen, fast schon alpin anmutenden Details versehen, zum Beispiel mit rot-weiß karierten Stoffen. Mit ihrem Balkon sind sie licht und hell. Die unterschiedlichen Kategorien bieten beispielsweise ein Zirbenholz-Zimmer oder Bauern-Zimmer. Auch die historische Gaststube wirkt sehr heimelig – und ihre großzügig gestaltete Terrasse ist ein wahrer Traum! Die Küche mit einem „Bib Gourmand" im Michelin-Führer ist vom Feinsten: Da können Sie kleine Vorspeisenversucherl, wie Wachtelbrüstchen im Blutwurstmantel und Zwetschgensenf (5,20 €) verkosten! Dazu muss man wissen, dass Küchenchef Karl Hodapp unter anderem zur legendären Zeit von Eckart Witzigmann im Aubergine in München gekocht hat. Legendär ist der Weinkeller aus dem Jahre 1750, mit rund 7000 Flaschen bestückt! Zum Abschluss empfiehlt sich ein selbst gebrannter Schnaps vom Seniorchef Josef. *Doppelzimmer mit Frühstück ab 130 €.*

9,8 km | 10 Min.

**Kutzendorf 1, 77876 Kappelrodeck/Waldulm, Tel. 07842 9480,
E-Mail: info@rebstock-waldulm.de, www.rebstock-waldulm.de.**

48

A 5 Ausfahrt Offenburg

FREIHERR VON UND ZU FRANCKENSTEIN

Pfiffig frischer Wind im traditionsreichen Weingut

Nomen est omen – die Adelsfamilie Freiherr von und zu Franckenstein kam schon im Jahre 1710 in den Besitz des wunderbaren Weinguts, das seit jeher für seine fruchtigen Rieslinge sehr bekannt ist. Im Jahr 2008 übernahm die Familie Huschle das Kleinod in Pacht und konnte sich damit ihren lang ersehnten Traum vom eigenen Weingut erfüllen. Georg Huschle kannte man in Baden lange Jahre als den Kellermeister der Affentaler Winzergenossenschaft. Sein Sohn Stefan studierte zunächst an der bekannten Hochschule in Geisenheim und sammelte dann internationale Erfahrungen in Neuseeland. Er leitet heute mit großem Enthusiasmus das Weingut – und hat dabei schon lange seinen eigenen Stil gefunden. Seine Rieslinge spiegeln die unterschiedlichen Lagen wider, seine Burgundersorten wirken wie eine große Spielwiese.

5,2 km | 8 Min.

**Weingartenstraße 66, 77654 Offenburg,
Tel. 0781 34973, E-Mail: weingut@weingut-von-franckenstein.de,
www.weingut-von-franckenstein.de.**

Die Weine €€

Ein grandioser Rotwein ist der *Zweigelt*. Tiefschwarz in der Farbe, mit einer Duftfülle von Wacholder, Lorbeer und weißem Pfeffer. Beim Trinken spüren Sie seine beerige Aromatik und trotz seiner Fülle wirkt er geschliffen und feminin. Wer die Rotweine etwas leichter mag, kommt beim Laufer Gut Alsenhof *Spätburgunder Rotwein* auf seine Kosten. Er duftet wie ein Korb voller Kirschen und Himbeeren – und schmeckt auch so. Bei den Weißweinen haben Sie die Wahl zwischen Weiß- und Grauburgunder sowie Riesling. Exzellent der Riesling *Georg Arbogas*t – eine unglaublich konzentrierte Frucht, auch am Gaumen.

Restaurant Wasser & Brot im Designhotel LIBERTY, Offenburg €€

Woran erinnert Sie Wasser und Brot? An ein Gefängnis? Richtig! Die CDF Immobilien GmbH & Co. KG hat das alte Gefängnis (JVA) in Offenburg erworben und zu einem absoluten „Wow-Hotel" umgebaut. Großen Spaß haben die Besitzer, auch mit den Namen zu spielen: Hotel LIBERTY trifft es ja wie den Nagel auf den Kopf! Aus jeweils zwei bis drei Zellen wurde ein modernes Hotelzimmer geschaffen – und sogar die alten Zellentüren durften zum Teil bleiben. Der alte Gefängnishof wurde mit einem Glaskubus umgebaut, wo sich jetzt das Restaurant mit offener Showküche befindet. Großer Beliebtheit erfreut sich der *Mittagslunch – bei dem Sie zwischen 1, 2 oder 3 Gängen wählen können, 19 bis 29 €.*

3,3 km | 5 Min.

Grabenallee 8, 77652 Offenburg,
Tel. 0781 28953000, E-Mail: info@hotel-liberty.de,
www.hotel-liberty.de.

Hotel Ritter Durbach €€

Wenn von den besten Gasthäusern Badens gesprochen wurde, gehörte der Ritter in Durbach schon immer dazu. Nach wechselvoller Geschichte war das Hotel 100 Jahre in Händen der Familie Brunner – deren Soufflé übrigens legendär war. 2008 übernahmen die Hoteliers Dominic und Ilka Müller das Traditionshaus. Sie haben es durch und durch renoviert und mit viel Geschick moderne Elemente integriert. 2013 folgte ein Neubau mit 40 richtig tollen Zimmern. Facettenreich und ausgezeichnet präsentiert sich die legere Kreativküche von André Tienelt samt dem Restaurant maki:'dan. Zu den großen Highlights gehören der wunderschöne Wellnessbereich und die Möglichkeit, einen Oldtimer für eine Spritztour zu mieten. *Doppelzimmer mit Frühstück ab 135 €.*

11 km | 15 Min.

Tal 1, 77770 Durbach,
Tel. 0781 93230, E-Mail: info@ritter-durbach.de,
www.ritter-durbach.de.

49

A 5 Ausfahrt Lahr

WEINGUT WÖHRLE (STADT LAHR)

Mit biologischem Weinbau zur absoluten Spitzenqualität

Das sehr sympathische Familienweingut wurde schon in den 80er-Jahren vom Besitzer Hans Wöhrle auf ökologischen Weinbau umgestellt – im Jahre 1991 folgte dann die offizielle Zertifizierung. Es gehörte damit zu den ersten Weingütern, das beweisen konnte, dass sich mit biologischer Arbeitsweise die Qualität der Weine merklich verbessern lässt. Für Sohn Markus, der 2002 in das elterliche Weingut zurückkehrte, hatte biologischer Weinanbau ebenfalls höchste Priorität. Markus Wöhrle ist bekannt für wirklich ganz große Burgunderweine! Ideale Voraussetzungen brachte er von Anfang an mit, so hatte er unter anderem einige Jahre als rechte Hand des legendären deutschen Kellermeisters Hans-Günther Schwarz gearbeitet Die größte Belohnung folgte 2004 mit der Aufnahme in den Verband der Deutschen Prädikatsweingüter (VDP), dem Zusammenschluss von Deutschlands rund 200 Topweingütern. Das Weingut haben Markus Wöhrle und seine Frau Tanja saniert und modernisiert – einen Ausflug dorthin kann ich nur wärmstens empfehlen! Wenn Sie rechtzeitig buchen, können Sie über dem Weingut übernachten.

5,3 km | 8 Min.

Weinbergstraße 3, 77933 Lahr,
Tel. 07821 25332, E-Mail: info@woehrle-wein.de,
www.woehrle-wein.de.

Die Weine €€

Das Preis-Leistungs-Verhältnis ist eine Sensation! Sie müssen den *Grauburgunder Ortswein* probieren, er duftet wie frische Birnen und beeindruckt mit enormer Mineralität. Oder den *Auxerrois*, der leider immer viel zu schnell ausverkauft ist. Zu den besten Burgunderweinen weit und breit gehört für mich der *Grauburgunder Großes Gewächs* – er ist unglaublich rund, sein Duft erinnert an Karamell und Lebkuchengewürz. Am Gaumen spüren Sie seine enorme Konzentration und Tiefe und er bleibt ewig lang im Nachhall.

Restaurant und Hotel Adler €€€

Otto Fehrenbacher ist schon immer ein leidenschaftlicher Genusskoch gewesen, obwohl man ihm das gar nicht ansieht – er hält sich einfach schlank. Bereits 1989 erwarb er einen Michelin-Stern, den er bis heute pflegt. Mittlerweile kann Fehrenbacher alles noch entspannter sehen – seit 2006 kocht sein Sohn Daniel zu Hause mit beziehungsweise übernahm 2010 die Küchenleitung. Wie sein Vater kochte er in Illhaeusern in der berühmten Auberge de l'Ill. Er machte Station bei Alain Ducasse in Paris, im Pont de Brent am Genfer See und in der Patisserie Litzler Vogel in Straßburg. Ebenso hat Pia Fehrenbacher mit ihrer Schwiegertochter Kerstin eine perfekte Ergänzung. Die Sommelière sorgt umsichtig für die richtige Weinbegleitung, sodass sich alle Gäste rundherum wohlfühlen. Wer es etwas bodenständiger mag, kehrt im ebenfalls zum Haus gehörenden, pfiffig eingerichteten Gasthaus ein. Ein großzügiges Hotel gehört auch dazu: Die Zimmer wurden allesamt mit schönem Holz ausgestattet und mit roten und grünen Farbtupfern sind sie sehr ansprechend und modern. Für einen längeren Aufenthalt mit der Familie gibt es auch eine sehr nette Ferienwohnung am Waldrand. *Hauptgerichte etwa 56 €.*

11,6 km | 16 Min.

Reichenbacher Hauptstraße 18, 77933 Lahr/Reichenbach, Tel. 07821 906390, E-Mail: adler@adler-lahr.de, www.adler-lahr.de.

Hotel und Restaurant Grüner Baum €€

Helle, freundliche Zimmer, mit Naturhölzern eingerichtet – schon deshalb lohnt sich der Abstecher zum Grünen Baum. Hier ist es schön bodenständig badisch. Zum Essen sitzen Sie in der Stube oder unter dem Kastanienbaum auf der Terrasse. Auf den Tisch kommt Saures Leberle nach Mutters Art oder im Ganzen gebratenes Schweinelendchen mit Pfifferlingsschaum und hausgemachten Spätzle. Familie Feger bereitet alles frisch mit regionalen Produkten zu. *Doppelzimmer ohne Frühstück ab 95 € zzgl. Frühstück 11 €.*

8,5 km | 11 Min.

Burgheimerstraße 105, 77933 Lahr, Tel. 07821 22282, E-Mail: info@gruenerbaum-lahr.de, www.gruenerbaum-lahr.de.

50

A 5 Ausfahrt Rust

WEINGUT ISELE

Sehr beliebt für einen Einkehrschwung

Die Weine vom Weingut Isele werden noch regelrecht als Geheimtipp gehandelt. Und ich sage Ihnen, es lohnt sich, vor allem die exzellenten Burgunderweine zu verkosten. Spannend ist die Bandbreite – köstlichen Riesling, Auxerrois oder Grauburgunder für jeden Tag, aber auch ganz besondere Spätburgunder und Chardonnays, die sich mit den Weinen einiger namhafter Winzer messen können. Die beiden Brüder Florian und Philipp bilden mit Vater Joachim Isele ein super eingespieltes Team. Kellermeister Florian hat nicht nur im sehr berühmten Weingut Huber gelernt, sondern arbeitet bis heute noch dort. Sein Bruder Philipp, der ebenfalls beim Weingut Huber und Weingut Bercher gelernt hat – wie bereits schon der Papa – hält zu Hause die Fäden in der Hand.

Sehr beliebt ist auch ihre kultige Gastwirtschaft – die bis 2005 als Straußi betrieben wurde. In jedem Fall sollten Sie vorher reservieren. Und zu guter Letzt bietet Familie Isele auch noch Ferienwohnungen an.

8,1 km | 12 Min.

Hauptstraße 46, 77955 Ettenheim,
Tel. 07822 2712, E-Mail: info@weingut-isele.de,
www.weingut-isele.de.

Die Weine €

Die gute Nachricht: Alle Weine von einfach bis zur gehobenen Klasse sind zu empfehlen! Ganz besonders sind die Chardonnay- und Spätburgunderweine – die können sich auch jederzeit mit den Originalen aus dem Burgund messen! Bei den Spätburgundern stehen gleich fünf Varianten zur Auswahl – allesamt sehr geschliffen und fein gearbeitet und immer zu einem mega Preis-Leistungs-Verhältnis!

Restaurant und Weingut Weber €€

Die Familie Weber gibt es in Ettenheim schon in der dritten Generation, und immer standen und stehen ihre Türen offen: sei es für Weinproben, gutes Essen oder viele Events rund um den Wein. Im Jahr 2013 hat sie ihren neuen Keller fertiggestellt – eine 50 Meter lange Fassade aus Glas, 10 000 Kubikmeter umbauter Raum, und alles sehr gefühlvoll in die Landschaft eingepasst. Willkommen sind Sie hier praktisch jederzeit und zwischen Mittwoch und Sonntag lohnt es sich, im Restaurant einzukehren. Genießen Sie regional saisonale Speisen in Verbindung mit tollen hauseigenen Weinen. Am besten nehmen Sie noch eine Flasche des fruchtigen *Sauvignon Blanc SE trocken* zu 10 € mit. Oder den hervorragenden *Grauburgunder SE trocken* zu 9,50 €, ein komplexer, kraftvoller Wein mit viel Schmelz und langem Nachhall.

3,7 km | 6 Min. **Im Offental 1, 77955 Ettenheim, Tel. 07822 894813, E-Mail: info@restaurant-weber.de, www.weingut-weber.com.**

Hotels und Restaurants im Europa-Park in Rust €€€

Den Europa-Park mit allen gastronomischen Leistungen zu beschreiben sprengt unseren Rahmen. Schon bei den Hotels haben Sie die Qual der Wahl zwischen sechs wunderbaren, einzelnen Ländern nachempfundenen Häusern, zum Beispiel dem Colosseo mit Zimmern mit italienisch-römischem Flair sowie landestypischen Restaurants und Cafés. Entspannen können Sie dort – wie in allen Hotels – in einem atemberaubenden Wohlfühlbereich mit Poollandschaft. Das Hotel Bell Rock im New-England-Look bietet im Leuchtturm eine John-F.-Kennedy-Suite. Besser kann auch ein amerikanischer Präsident nicht wohnen. Mindestens genauso verwöhnt werden Sie hier kulinarisch, ob in dem mit zwei Michelin-Sternen ausgezeichneten Fine-Dining-Restaurant Ammolite, The Lighthouse Restaurant, in den landestypischen Restaurants oder auch im Park selbst. Neuestes Highlight ist Eatrenalin – eine ganz neue Dimension von Essen, muss man erlebt haben! *Doppelzimmer mit Frühstück ab etwa 195 €.*

4,4 km | 5 Min. **Europa-Park-Straße 2, 77977 Rust, Tel. 07822 776688, E-Mail: hotel@europapark.de, www.europapark.de/hoteluebersicht.**

51

A 5 Ausfahrt Riegel

MÖSSNER-BURTSCHE

Echte badische Tradition

Das Weingut wurde im Jahre 2009 von Eva und Tobias Burtsche von Evas Eltern übernommen. Ursprünglich war es ein gemischter Betrieb, Acker-, Vieh- und Wein. Obwohl Eva eigentlich Ernährungswissenschaften studieren wollte, entschied sie sich dann doch für eine Ausbildung im Weinbau. Ihr erstes Jahr absolvierte sie im Weingut Blankenhornsberg, dann im Schloss Ortenberg. Das Gesellenjahr arbeitete sie beim Weingut Kalkbödele. Dort lernte sie ihren Mann Tobias Burtsche kennen. Er war ursprünglich Kellermeister im Kalkbödele – heute arbeitet er nicht nur auf dem eigenen Weingut, sondern ist auch noch als Weinberater tätig. Vorwiegend konzentrieren sie sich auf die Herstellung von köstlich frischen Weißweinen. Diese sind in ihrer Weinprobierstube sehr beliebt – und natürlich auch zu Burtsches gefragten Planwagenfahrten. Dabei sehen Sie in den Weinbergen die vielen Einsaaten zur Förderung der Pflanzenvielfalt und der Nützlinge. Die Stammgäste wissen auch um die Stellplätze für autarke Wohnwagen in ihrem großen Apfelgarten.

4,9 km | 6 Min.

**Heimbacher Straße 3, 79331 Teningen,
Tel. 07641 2808, E-Mail: info@weingutmoessner.de,
www.weingutmoessner.de.**

Die Weine €

Mit zwei Dritteln setzen die Weißweine bei Familie Burtsche den Schwerpunkt. Wunderbar frische Weiß-, Grauburgunder und Riesling machen Appetit auf mehr. Auch ihre Spätburgunder finden auf den Muschelkalk-Verwitterungsböden die idealen Bedingungen.

Merkles Restaurant €€€

Wenn Sie nach Süden unterwegs sind, lohnt sich ein Ausflug nach Endingen. Ein zauberhaftes Kaiserstühler Örtchen mit Kopfsteinpflaster, einem wunderschönen Stadttor und schönen Häusern. Direkt an der Straße liegt auch Merkles Restaurant, das die größten Auszeichnungen trägt: einen Michelin-Stern, drei rote Mützen im Gault Millau (!) und drei F im Feinschmecker. Dort passt aber alles zusammen – Merkles haben das wunderschöne badische Traditionshaus mit modernen Elementen umgebaut. Die sympathischen Gastgeber Simone Merkle-Dinger und Tom Merkle haben in 20 Jahren sowohl in ihrem Gourmet-Restaurant wie in ihrer unkomplizierten Pfarrwirtschaft einen ganz eigenen Stil geschaffen. Tom Merkle verarbeitet nur allerbeste Produkte – mit einer echten „Wow-Kreativität". Empfehlenswert ist auch Mittwoch- und Donnerstagabend *„Merkles First Date" (95 €)* – eine Genussreise mit 4 Gängen zum Kennenlernen der Küche.

4,8 km | 5 Min.

Hauptstraße 2, 79346 Endingen am Kaiserstuhl,
Tel. 07642 7900, E-Mail: info@merkles-restaurant.de,
www.merkles-restaurant.de.

Gasthaus Zur Krone €€

Von der Autobahnausfahrt aus führt der Weg zum Krone schnurstracks hinauf in den Schwarzwald. Seit 1796 wird der Gasthof von der Familie Kern betrieben, mittlerweile in der neunten Generation. Seine regionalen Spezialitäten sind von ganz besonderer Güte und die Auswahl der Produkte liegt Kerns besonders am Herzen. In himmlischer Ruhe schlafen Sie in hübsch gestalteten hellen Zimmern. Teilweise sind diese auch mit geräumigen Balkonen in Südwestrichtung ausgerichtet. *Doppelzimmer mit Frühstück ab 100 €.*

12,7 km | 15 Min.

Mußbach 6, 79348 Freiamt,
Tel. 07645 227, E-Mail: info@krone-freiamt.de,
www.krone-freiamt.de.

FÜR ENTDECKER Statten Sie unbedingt Riegel am Kaiserstuhl und seinem Archäologischen Museum einen Besuch ab. Es entführt zurück in jene Zeit, als sich der Ort im 1. Jahrhundert zu einem bedeutenden Verwaltungszentrum der Römer entwickelte.

WEINGUT KÖBELIN

„Naturschutz verpackt in Flaschen"

Monika und Arndt Köbelin sind seit 2020 als klimaneutrales Weingut zertifiziert. Nachhaltigkeit spiegelt sich bei ihnen überall wider, besonders bei den Reben, bei denen sie Wert auf die Gründüngungspflanzen legen sowie auf eine intensive Böschungspflege. Sie haben eine eigene Fotovoltaikanlage und sammeln mehr klimafreundliches Co_2, als sie ausstoßen. Der gelernte Winzer und Kellermeister Arndt Köbelin arbeitete bei den besten Weingütern im In- und Ausland, bevor er 2005 mit seiner Frau Monika den elterlichen Betrieb übernahm. 2011 baute er ein sensationell schönes und modernes Weingut. Während Traubensaft und Most früher quer durch den Keller gepumpt wurden, sind die Keller jetzt über mehrere Etagen gebaut, sodass Trauben und Moste mithilfe der Schwerkraft absolut schonend verarbeitet werden. Der Neubau könnte auch in Kalifornien oder Südafrika stehen, so innovativ wirkt er. Hinter einer fünf Meter hohen Lösswand befindet sich eine Treppe zum Dach, wo man einen Rundblick von 360 Grad genießen kann.

6,5 km | 10 Min.

**Altweg 131, 79356 Eichstetten am Kaiserstuhl,
Tel. 07663 1414, E-Mail: info@weingut-koebelin.de,
www.weingut-koebelin.de.**

Die Weine €€

Aufmerksam wurde ich auf das Weingut Köbelin, als ein sehr guter Weinhändler von dessen Scheurebe schwärmte. Und ich kann es nur bestätigen: Die Scheurebe nimmt es locker mit einem exzellenten Sauvignon Blanc auf. Der Winzersekt *Pinot Brut Privat Cuvée* zu 16,50 € sucht seinesgleichen! Wobei Köbelins Schwerpunkt aber absolut auf den Burgunderweinen liegt – ob Weiß-, Grau- oder Spätburgunder.

Restaurant Jauch's Löwen €€

Es gibt sie noch, die Herzblutgastronomen, die als Gastgeber nicht zu übertreffen sind! Ihre Wurzeln reichen bis zum Jahr 1805 zurück und heute wird das Hotel und Restaurant Jauch's Löwen von zwei Generationen geführt, Anneliese und Julius Jauch und Sohn Oliver in der Küche mit seiner Frau Christine. Das Restaurant bietet echte Wohlfühlatmosphäre für die unterschiedlichen Menüs oder für ihren Klassiker: den Löwen Hexe-Teller – das Rezept stammt noch von Großmutter Martha, die es vor über 40 Jahren entwickelte. Zu Recht kann Oliver Jauch stolz auf seine Auszeichnung „Bib Gourmand" im Michelin-Führer sein! Am besten bleiben Sie über Nacht – in den mit Holz gestalteten Zimmern.

9,3 km | 9 Min.

Eichstetter Straße 4, 79232 March-Neuershausen,
Tel. 07665 92090, E-Mai: info@jauch-loewen.de,
www.jauch-loewen.de.

Landgasthof Rebstock €€

Familie Gehring kennt man für ihre gute regionale Küche. Die Fische bezieht sie von einem Forellenzuchtbetrieb aus der Ortenau, das Wild überwiegend aus heimischer Jagd. Für jeden Geldbeutel gibt es etwas Passendes: *einfache Gerichte ab 5 € oder ein Menü zu 32 €*: Bärlauchsuppe mit Garnelenravioli, dann Kabeljaufilet auf Spargelspitzen, im Hauptgang Kalbsrückensteak mit frischem Spargel sowie Erdbeerparfait im Schokoladengitter. Die 24 Zimmer sind im Landhausstil gehalten und Sie haben auch die Möglichkeit, für eine kleine Spritztour Fahrräder zu mieten. *Doppelzimmer mit Frühstück ab 106 €.*

4,5 km | 7 Min.

Wirtstraße 2, 79331 Teningen-Bottingen,
Tel. 07663 93500, E-Mail: info@rebstock-bottingen.de,
www.rebstock-bottingen.de.

FÜR ENTDECKER Nehmen Sie sich Zeit für eine Wanderung im Kaiserstuhl. Aufgrund der vulkanischen Vergangenheit des Gebirges findet sich dort eine einzigartige landschaftliche Vielfalt: Rebterrassen, Halbtrockenwiesen, Lösshohlwege. Auch Flora und Fauna sind ein Erlebnis.

53

A 5 Ausfahrt Freiburg-Mitte

WEINGUT HUNN

Rege Fachdiskussionen zwischen zwei Generationen

Die gesamte Familie – Martina und Kilian Hunn mit ihren beiden Söhnen Jonas (Weinbaustudium Geisenheim) und Patrick (Weinbautechniker in Weinsberg) – lebt den Wein ganz und gar! Die ehemalige Weinkönigin Martina und ihr Mann Kilian haben den Familienbetrieb 1998 übernommen. Stillstand gibt es hier nie! So haben sie vor wenigen Jahren ihre Etiketten sehr geschmackvoll umgestaltet und dadurch einen hohen Wiedererkennungswert erreicht. Vor allem stehen bei Hunns die Burgundersorten im Fokus. Gefragt ist auch ihr Viognier – ein wunderbar floraler Weißwein. Mit steigendem Export, zum Beispiel nach Japan und in die USA, haben sie ihren Blickwinkel nochmals erweitert. Um die junge Generation anzusprechen und mitzunehmen, wurde die *Hunn Schorle* aus ihrem Sortiment in Bierflaschen und in Dosen abgefüllt. Diese sehen wirklich cool aus – anders kann man es nicht sagen! Schon sind wir bei der nächsten Errungenschaft: Rund um die Uhr immer frisch gekühlten Weißwein bekommt man ganz einfach am eigenen Regiomat. Ja – so eine „Automatenemma" ist nicht ganz neu, aber einfach großartig.

6,2 km | 7 Min.

Rathausstraße 2, 79288 Gottenheim,
Tel. 07665 6207, E-Mail: mail@weingut-hunn.de,
www.weingut-hunn.de.

Die Weine €€

Unkompliziert, animierend und für jeden Tag ist ihre Serie *Junge Frische*. Danach folgt die Serie *Junge Wilde,* ob Rosé, Grauburgunder oder Sauvignon blanc – einfach lecker. Die *Réserve Linie* steht für kraftvolle, konzentrierte Weine, im kleinen Eichenholzfass ausgebaut. Mein Favorit ihr Viognier gehört zu den besten des Landes ein großes Erlebnis und ein exzellenter Essensbegleiter.

Drexlers Restaurant €€

Ralph Schmidt gilt für die Freiburger Weinkenner schon lange als Institution. Sein Weingeschäft gehört zu den besten der Republik. Sie werden immer gut beraten, egal ob es um einen Wein für jeden Tag geht, um einen Geheimtipp aus der Region oder um große Weine aus Burgund, Bordeaux, Spanien, Italien usw. Vor einigen Jahren entschloss sich Schmidt, in der Nähe des Hauptbahnhofs ein kleines Restaurant zu eröffnen. Wie Sie sich denken können, ist die Weinkarte sagenhaft, aber auch das Essenskonzept! Die Produkte stammen vorzugsweise aus der Region, wie von der Fischzucht oder der befreundeten Landmetzgerei. Wichtig ist ihm, das ganze Tier zu verarbeiten. Küchenchef Mario Fuchs bietet neben seinem klassischen Menü auch ein vegetarisches an. Da besteht beispielsweise ein Gang aus einer Galette mit flambierten Zitronensaitlingen, Spargelragout und Beurre Blanc. Um das ganze Jahr attraktive Gerichte anbieten zu können, ist Fermentieren, Einlegen und Trocknen ein wichtiger Bestandteil der Küche.

7,1 km | 8 Min.

Rosastraße 9, 79098 Freiburg im Breisgau,
Tel. 0761 5957203, E-Mail: info@drexlers-restaurant.de,
www.drexlers-restaurant.de.

Hotel & Restaurant Hirschen im Freiburg-Lehen €€

Im Sommer gibt es kaum eine schönere Ecke als den Garten vom Hirschen in Lehen. Die Küchenchefs Matthias Maier und Louis Lay kochen seit Jahren auf allerhöchstem Niveau badische Küche mit mediterranen und asiatischen Einflüssen. Das Haus befindet sich seit sechs beziehungsweise sieben Generationen in Familienbesitz und steht aktuell unter der Leitung von Werner Baumgartner (Küchenmeister und Opernsänger) und seinem Sohn Elias Baumgartner (Koch und Hotelbetriebswirt). 2005 hat sich die Familie einen lang gehegten Wunsch erfüllt und ein wunderschönes 4-Sterne-Hotel mit Außenpool dazugebaut. Die 70 Zimmer sind hell und im Stil ebenso mediterran wie der Spa-Bereich. *Doppelzimmer ab 138 €, plus Frühstück 18 €/Person.*

2,4 km | 3 Min.

Breisgauer Straße 47, 79110 Freiburg Lehen,
Tel. 0761 8977690, E-Mail: info@hirschen-freiburg.de,
www.hirschen-freiburg.de.

54

A 5 Ausfahrt Freiburg-Süd

WEINGUT HEINEMANN

Ein bodenständiger, vorausblickender Familienbetrieb

Ich wurde auf den Familienbetrieb aufmerksam, weil er schon in den 90er-Jahren zu den ersten hervorragenden Chardonnay-Erzeugern gehörte. Die moderne Rebsorte bekam erst 1991 offiziell die Genehmigung für den badischen Weinbau. Just ein Jahr später hatten Heinemanns schon einen hervorragenden floralen, duftigen Chardonnay auf den Markt gebracht – normalerweise muss man bei Neuanpflanzungen drei Jahre auf den ersten Ertrag warten. Es stellte sich nämlich heraus, dass ihr sogenannter Weißburgunder eigentlich aus Chardonnay-Trauben war, deren Reben schon seit Jahrzehnten in den Weinbergen standen! Entsprechend besitzt der Chardonnay aus alten Reben richtig Substanz und eine wunderbare Mineralität. Im Gegensatz zu manch internationalem Chardonnay ist er nicht so üppig und breit, sondern sehr elegant mit floralen Aromen. Übrigens besitzt das Gut auch alte Gutedel-Reben. Wenn Reben sehr alt sind, wurzeln sie sehr tief und bringen zwar weniger Ertrag, dafür aber konzentriertere und intensivere Weine hervor.

5,6 km | 7 Min.

Mengener Straße 4, 79238 Ehrenkirchen-Scherzingen, Tel. 07664 6351, E-Mail: ps@weingut-heinemann.de, www.weingut-heinemann.de.

Die Weine €€

Neben dem Chardonnay und dem Gutedel kann ich Ihnen die Spätburgunder empfehlen, besonders den aus alten Reben: Sein Duft erinnert an reife dunkle Kirschen und hat etwas Erdiges – wie wenn die Sonne beim Spazierengehen auf die Erde scheint. Mein Geheimtipp: Probieren Sie den *Muskateller Kabinett trocken*.

Bauernschenke und Bauernmarkt Böttchehof €

Sollten Sie es einrichten können, beim Böttchehof einen Stopp einzulegen, werden Sie noch lange begeistert sein. Die Familie Küchlin ist für ihre hervorragenden Brände bekannt. Oft können Sie samstags beim Schnapsbrennen zuschauen und obendrein eine einzigartige Wurst schnabulieren oder einen Flammkuchen, Salate, eine Kartoffelsuppe usw. Befreundete Landwirte bieten ihre frischen Produkte auf dem Bauernmarkt an. Die neueste Spielwiese von Frank Küchlin ist der eigene Wolfenweiler Whisky, zweifach destilliert, anschließend in kleinen Burgunder-Barriques und zum Finish in gebrauchten Bourbonfässern aus Kentucky gelagert. Auch Gin und Rum werden neben über 40 weiteren Destillaten auf dem Böttchehof gebrannt. *Hauptgerichte etwa 7 bis 12 €.*

6,9 km | 7 Min.

Basler Straße 76a, 79227 Schallstadt-Wolfenweiler, Tel. 07664 7377, E-Mail: kuechlin@boettchehof.de, www.boettchehof.de.

Schloss Reinach €€€

250 Jahre war der beeindruckende Gutshof unter anderem in den Händen der Familie von Kageneck. Erst 1991 wurde er in ein Hotel umgewandelt. Die heutigen Besitzer, Beatrix und René Gessler, haben es 2007 übernommen. Seither strahlt Schloss Reinach einen ganz besonderen Glanz aus: helle und freundliche Zimmer, sowie fantastische Suiten mit eigener Sauna. Gleiches gilt für die Restaurants: s Herrehus mit kreativer Gourmetküche, s Badische Wirtshus sowie das Bistro Vivothek Limoncello. In dem schönen Garten sitzt man fast wie auf einem Marktplatz in Italien. *Doppelzimmer mit Frühstück ab etwa 150 €.*

4,2 km | 8 Min.

St.-Erentrudis-Straße 12, 79112 Freiburg-Munzingen, Tel. 07664 407450, E-Mail: reservierung@schlossreinach.de, www.schlossreinach.de.

FÜR ENTDECKER Gerade wenn im Herbst im Tal die „graue Suppe" hängt: Setzen Sie sich in die Seilbahn und wagen Sie einen Abstecher auf den Freiburger Hausberg, den Schauinsland. Er liegt nur zehn Kilometer südlich des Stadtzentrums.

MARTIN WASSMER

Senkrechtstarter im Markgräflerland

Dem Namen Waßmer werden Sie gleich zweimal begegnen. Beide Waßmer-Brüder haben sich recht zeitnah zueinander selbstständig gemacht. Wie so oft tut die interne Konkurrenz sehr gut. Beide haben in Windeseile ihre Weingüter an die Spitze der deutschen Toperzeuger katapultiert. Martin Waßmer brachte 1997 seinen ersten eigenen Wein auf den Markt. Wenige Jahre später stand er schon auf dem Siegertreppchen des Deutschen Rotweinpreises. Seine Spätburgunder sind in der Stilistik absolut burgundisch. Zu besonderen Anlässen kann ich Ihnen seinen Syrah wärmstens empfehlen, der Rotwein ist kraftvoll, warm und duftet wie ein ganzer Korb voller Gewürze. Für Diskussionsstoff sorgt bei Kennern immer wieder die Frage, ob die Weiß- oder Rotweine des Guts die besseren sind. Auf alle Fälle aber können Sie jeden, der deutschen Rotweinen skeptisch gegenübersteht, mit einem Waßmer-Wein überzeugen.

4,7 km | 5 Min.

**Am Sportplatz 3, 79189 Bad Krozingen-Schlatt,
Tel. 07633 15292, E-Mail: info@weingut-wassmer.com,
www.weingut-wassmer.de.**

Die Weine €€

Der *Spätburgunder SW* wirkt mit seiner warmen Art, an dunkle Schokolade und ätherische Öle erinnernd, wie ein richtiger Kaminwein! Nicht minder gut sind seine großen weißen Burgunderweine, wie Chardonnay oder Weiß- und Grauburgunder. Auch die einfachen Qualitäten sind dabei sehr empfehlenswert.

Zur Krone Biengen €

Restaurant Krone im Bad Krozinger Ortsteil Biengen ist fast eine Institution! Der Gastraum wirkt heimelig und im Sommer ist die begrünte Terrasse wunderschön. Das Restaurant bietet badische Küche, unkompliziert, aber bestens zubereitet – wie gut, dass es noch solch gewachsene Gasthäuser gibt! Seit dem Sommer 2018 haben die in der Region bekannte Marie-Luise und Tilman Sartorius das Gasthaus vom früheren Küchenchef Sascha Kölsch übernommen. Die Weinkarte bietet eine sehr gelungene Auswahl an regionalen Weinen. Dazu zum Beispiel ein eingemachtes badisches Kalbfleisch mit Gemüse und Bandnudeln – herrlich. *Hauptgerichte ab etwa 18 €.*

2,4 km | 3 Min. **Hauptstraße 18, 79189 Bad Krozingen-Biengen, Tel. 07633 9200466, E-Mail: info@krone-biengen.online, www.krone-biengen.online.**

Hotel Alemannenhof €€

Die verkehrsgünstige Lage des 3-Sterne-Hotels, nur acht Kilometer südlich von Freiburg, ist ein Trumpf für das Haus. Von hier aus hat man jede Menge Gelegenheiten für Ausflüge in die Stadt Freiburg, in die Weinregionen Tuniberg, Kaiserstuhl und Markgräflerland sowie in den Hochschwarzwald. Die Zimmer sind neuwertig, hell, freundlich und modern, mit großzügigen Bädern. Ihren Hunger stillen Sie im hoteleigenen Restaurant, in der warmen Jahreszeit vermutlich auf der geräumigen Südterrasse. *Doppelzimmer mit Frühstück ab 150 €.*

5,6 km | 8 Min. **Weberstraße 10, 79227 Schallstadt-Mengen, Tel. 07664 5060, E-Mail: info@alemannenhof-freiburg.de, www.alemannenhof-freiburg.de.**

FÜR ENTDECKER Das Thermalbad in Bad Krozingen ist allemal einen Besuch wert: Die Vita Classica Therme ist eine Mineral-Thermalquelle mit besonders hoher Konzentration an feinperliger Kohlensäure. Diese wirkt entspannend, regenerierend und regt die Durchblutung an (www. vita-classica.de).

A 5 Ausfahrt Hartheim/Heitersheim

56

WEINGUT ZÄHRINGER

Tradition und Pioniergeist

Wenn es um biodynamischen Weinbau geht, gehören Wolfgang Zähringer und sein Betriebsleiter Paulin Köpfer zu den großen Pionieren. Bereits 1987 haben sie das traditionsreiche Weingut auf ökologischen Weinbau umgestellt. Mit Fabian Zähringer ist inzwischen die sechste Generation am Ruder und sie ist eine große Bereicherung für den Betrieb. Unzählige Auszeichnungen bestärken die Zähringers darin, die Idee des biodynamischen Weinbaus an ihre zuliefernden Winzer weiterzugeben, was im großen Stil gelang: Mehr als 50 Hektar werden schon auf diese Weise bewirtschaftet. Derzeit wird überall sehr viel über PIWIs – Pilzwiderstandsfähige Rebsorten – diskutiert, die nicht mehr oder kaum noch gespritzt werden müssen. Im Weingut Zähringer sind PIWIs schon einige Jahre mit Auszeichnungen im Anbau. Es lohnt sich, vor Ort die spannenden Rebsorten zu verkosten! Weitsichtig finde ich auch den Zuwachs in Form eines Weinhauses in Zürich. So kommen auch die Schweizer in den Genuss der hervorragenden Markgräfler Weine.

8,6 km | 10 Min.

Johanniterstraße 61, 79423 Heitersheim, Tel. 07634 504890, E-Mail: info@weingut-zaehringer.de, www.weingutzaehringer.de.

Die Weine €€

Interessant sind jedes Jahr ihre Vierlig-Weine, nach dem traditionellen 600 Liter fassenden Holzfass benannt. Der *Spätburgunder* aus der Vierlig-Serie (14,90 €) erinnert im Duft an dunkle Beeren und er vermittelt eine wunderbare Wärme. Beachtlich ist auch der *Cabernet Franc Réserve* (19 €), der sehr elegant wirkt. Sein Duft versprüht Schwarze Johannisbeeren und Holunderblüten. Im Nachhall bleibt er erstaunlich feminin und erinnert an Preiselbeeren. Der Weiß- und Grauburgunder, aber auch der Chardonnay spiegeln Badens Stärken wider. Super ist vor allem der *Weissburgunder Sonnhohle* (19 €). Die Sonnhohle ist Heitersheims beste Lage und die Reben wurden bereits in den 70er-Jahren gepflanzt. Auf arrondierten fünf Hektar wird hier seit 1987 biologisch gearbeitet.

Spargelrestaurant und Landmarkt Bohrerhof €

Zur Spargelzeit ist es auf dem Bohrerhof in Feldkirch bei Hartheim sehr belebt. Sogar mit Bussen kommen die Gäste. Petra Bohrer und ihrer Kinder und Schwiegerkinder sind für mich die Spargelbauern par excellence: Bei ihnen können Sie nicht nur viel über den Spargelanbau erfahren, sondern auch Details über die Spargelsorten, die unterschiedlichen Böden oder die Ernte. Aber auch außerhalb der Spargelzeit ist der Bohrerhof sehr beliebt und geschätzt. Beispielsweise mit ihrem großen Landmarkt mit regionalen Produkten, Weinen, Feinkost, Geschenkartikel und der eigenen Hofbäckerei/Konditorei. Die beste Nachricht: Im Jahr 2022 kamen noch 64 neu gebaute Zimmer hinzu – also auf ins Markgräflerland. *Hauptgerichte im Restaurant Land Live ab etwa 13,90 €.*

6,1 km | 8 Min.

Zum Bohrerhof 1, 79258 Hartheim,
Tel. 07633 923320, E-Mail: info@bohrerhof.de,
www.bohrerhof.de.

Landhotel und Restaurant Krone €€

Schon von Weitem sieht das traditionsreiche, in rot gestrichene Hotel sehr einladend aus. Das Landhotel Krone vermittelt ein wunderbar badisches Heimatgefühl und ist in allen Bereichen top saniert! Am besten nehmen Sie sich ein bisschen Zeit und genießen den tollen Wellnessbereich. Die Zimmer sind liebevoll ausgestattet und haben mit denen in herkömmlichen Hotels so gar nichts gemein. Im Sommer lädt die wunderschöne Terrasse ein, sich von der klassischen, aber sehr kreativen Küche verwöhnen zu lassen. Nicht weniger attraktiv ist ihr Restaurant, das sich in der 400 Jahre alten Stube befindet. Die originalen Balken und alten Mauern wurden sichtbar gemacht – und mit Glas und Stahl gekonnt in Szene gesetzt. *Doppelzimmer mit Frühstück ab 109 €.*

8,2 km | 11 Min.

Hauptstraße 12, 79423 Heitersheim, Tel. 07634 51070,
E-Mail: info@landhotel-krone.de, www.landhotel-krone.de.

57 A 5 Ausfahrt Neuenburg

WEINGUT BLANKENHORN

Heimatverbunden, weltoffen und nachhaltig

Im Weingut Blankenhorn blickt man zurück auf Geschichte bis ins Jahr 1624 – ursprünglich wurde es als Pferdewechsel im Kutschenfernverkehr genutzt. Später wurde zusätzlich eine Poststation und das Gasthaus Zum Baselstab eröffnet.

Die Familie von Fritz Blankenhorn führte das Weingut über fünf Generationen. Nachdem es für das Weingut keine Nachfolger mehr gab, erwarben im Jahre 2014 die Önologin Yvonne und ihr Mann Martin Männer – gelernter Jurist – das Traditionshaus. Viereinhalb Jahre bauten sie mit Gefühl und klaren Vorstellungen alles um. Am wichtigsten war es den beiden, alles Alte zu erhalten – Mauern, Holzbalken, Nischen etc. Zum Verkosten sind Sie herzlich in der Fritz Weinbar willkommen. Bei ihren Weinen legen Yvonne und Martin Männer besonders großen Wert auf Nachhaltigkeit, sie ist entsprechend bei Fair'n Green zertifiziert. Martin sagt dazu: „Wir leben von der Natur und sollten sie entsprechend behandeln."

8,8 km | 10 Min.

Basler Straße 2, 79418 Schliengen,
Tel. 07635 82000, E-Mail: info@gutedel.de,
www.weingut-blankenhorn.de.

Die Weine €€

Ihren *Gutedel* bezeichnet Familie Männer als ihre DNA – sie führt drei unterschiedliche Gutedel in ihrem Sortiment, die man unbedingt probieren soll. Ihr Chardonnay besitzt viel Eleganz und ist nicht so breit wie manch internationaler Kollege. Rund 25% ihrer 25 Hektar sind mit Pinot noirs (Spätburgunder) bestockt. Diese wirken wie aus dem Ursprungsland Burgund – warm, weich und sehr verführerisch!

Alte Post €€

Genauso wie das berühmte Schloss Bürgeln wird auch das Landhotel Alte Post als Heimatsymbol des Markgräflerlandes gesehen. Im 18. Jahrhundert als Posthalterei gebaut, wurde es schon bald als Wirtshaus und Pferdewechselstation genutzt. 1986 erwarb der Hotelier Heinrich Mack das eher marode Anwesen, hat es seither mit seiner Frau Uschi sukzessive wunderschön hergerichtet und die tolle Architektur zu neuem Leben erweckt. Im Restaurant legen die Gastgeber großen Wert auf frische und regionale Produkte. Sie bieten zum Beispiel Carpaccio vom Sehringer Wagyu Rind mit gepickelten Pfifferlingen und Blechkäse vom Glocknerhof oder Bio Pourlade vom Steingrubenhof mit Basilikum, Polenta und konfierten Tomaten. Die perfekte Symbiose von alt und modern bildet sich im ganzen Gebäude ab. Die Zimmer haben unterschiedliche Größen und Ausstattungen, alles ist in hellen Hölzern mit warmen Farben gestaltet. Es gibt sogar japanische Zimmer mit Futon und Tatami, schlicht und zurückhaltend. Regionale Produkte haben aber auch im Hotel Priorität: Beim Ausbau wurden ausschließlich einheimische und baubiologisch wertvolle Materialien aus dem Schwarzwald verwendet. *Hauptgerichte etwa 26 €.*

7,8 km | 9 Min.

Posthalterweg/An der B 3, 79379 Müllheim,
Tel. 07631 17870, E-Mail: info@alte-post.net,
www.alte-post.net.

Gasthaus Hotel Sonne €

Der Marktplatz des hübschen Örtchens Schliengen ist gesäumt von Gasthäusern, an Tradition jedoch kann es kaum eines mit der Sonne aufnehmen: Der Wirtshausbetrieb geht mindestens auf das Jahr 1575 zurück und bestand sogar in den Wirren des Dreißigjährigen Krieges fort. Das heutige Fachwerkhaus wurde 1772 gebaut. Als Walter und Cornelia Grim die geschichtsträchtige Gastwirtschaft 1993 übernahmen, steckten sie erst einmal ein ganzes Jahr in Renovierungsarbeiten, bevor sie 1994 eröffneten. Im Jahr 2000 wurden die Zimmer überholt, drei Jahre später folgte ein Neubau mit vier Superior-Zimmern. Alles wirkt unaufgeregt, sympathisch und bodenständig. *Doppelzimmer mit Frühstück ab 80 €.*

8,8 km | 10 Min.

Marktplatz 1, 79418 Schliengen,
Tel. 0160 5467491, E-Mail: hotelsonne@gmx.de.

58

A 5 Ausfahrt Efringen-Kirchen

HANSPETER ZIEREISEN

Vier Generationen arbeiten Hand in Hand

Hanspeter Ziereisen verkörpert Baden wie kaum ein anderer. Für mich ist er ein echter Naturbursche mit hervorragendem Sachverstand und kompromisslos, wenn es um Qualität geht. Seine Weine sind in der ganzen Republik auf den besten Weinkarten vertreten. Dank ihm hat der Gutedel auch in Deutschland ein ganz neues Renommee bekommen. Sein Gutedel wurde mit 100 von 100 Punkten beim Gault Millau 2018 ausgezeichnet. Entsprechend kostet der *Gutedel Jaspis 10 hoch 4 Alte Reben trocken* 125 € pro Flasche – und er ist es wert! Auch seine Basisweine haben ein enormes Lagerpotenzial. Sehr empfehlenswert ist auch der Hofladen von Edeltraud Ziereisen. Hier werden nicht nur die eigenen Produkte, wie Obst und Gemüse, Bauernbrot, sondern auch Rieslinge berühmter Kollegen angeboten. Während diese ihre (Groß-)Lagen auf das Etikett schreiben, hat sich Hanspeter dafür entschieden, an alten Gewannlagen festzuhalten und so alle Weine als Landweine zu verkaufen. Eigentlich ist dies die einfachste Qualität – nicht so im Weingut Ziereisen!

5,2 km | 5 Min.

Markgrafenstraße 17, 79588 Efringen Kirchen, Tel. 07628 2848, E-Mail: kontakt@weingut-ziereisen.de, www.weingut-ziereisen.de.

Die Weine €€€

Alle Weine von der Basisqualität bis zu den Spitzengewächsen werden spontan vergoren und nicht filtriert. Die Spitzenweine werden unter der Bezeichnung *Jaspis* angeboten. Zu den besten deutschen Rotweinen gehört für mich der *Syrah Jaspis*, – maskulin, kraftvoll mit pfeffrigen Aromen – und die verschiedenen, sehr ehrlich ausgebauten Spätburgunder. Für 9,80 € bekommen Sie den sehr guten *Gutedel Heugumber*, der wie alle Weine lange Zeit im Holzfass reifen durfte.

Restaurant und Hotel Traube €€€

Das stilvolle Bauernhaus aus dem Jahr 1811 steht da, wie aus dem Ei gepellt! Wunderschöne Zimmer mit Holzboden, bei denen teilweise die alten Wände freigelegt wurden, sind nach den typischen Markgräfler Rebsorten benannt. Sogar ein neuer Fitness- und Saunabereich samt Wellnessdusche und Ruheraum stehen Ihnen zur Verfügung. 2019 übernahmen Daniela Hasse und Brian Wawryk das Kleinod. Selbstbewusst bietet der aus Vancouver stammende Küchenchef nur ein *6-Gänge-Menü zu 150 €* an – ohne Alternativen und nur komplett buchbar. Der Sternekoch braucht wenig Fleisch, vielmehr arbeitet er mit raffiniert zubereiteten und teilweise fermentierten Gemüsen aus der Region.

2,9 km | 6 Min. **Alemannenstraße 19, 79588 Efringen-Kirchen/Blansingen, Tel. 07628 9423780, E-Mail: info@traube-blansingen.de, www.traube-blansingen.de.**

Walser's Landhotel & Restaurant €€

Seit 140 Jahren ist Walser's Landhotel & Restaurant im Dreiländereck ein Publikumsmagnet – nicht nur für Gäste aus Deutschland, sondern auch aus Frankreich und der Schweiz! Familie Walser hat es geschafft, in dem schönen alten Haus ein modernes und sympathisches Ambiente zu schaffen. Dazugekommen ist ein neues Gästehaus – auch hier wurde jedes Zimmer individuell ausgestattet. Die Küche von Vater und Sohn Walser ist badisch geprägt mit mediterranem Einschlag. Kultig ist donnerstags ihr „Mistkratzerle" und samstags ihr „Badisches Suppenfleisch". *Doppelzimmer mit Frühstück ab 125 €.*

5,2 km | 6 Min. **Bahnhofstraße 34, 79588 Efringen-Kirchen, Tel. 07628 8055244, E-Mail: willkommen@walsers-hotel.de, www.walsers-hotel.de.**

FÜR ENTDECKER Noch über 70 % der Weine Baden-Württembergs werden von Genossenschaften ausgebaut. Die 1. Markgräflerland Winzergenossenschaft in der Winzerstraße in Efringen-Kirchen steht sehr zuverlässig für gute Qualitäten (www.shop.markgraeflerwinzer.de).

WEINGUT AM SCHLIPF – CLAUS SCHNEIDER

Wunderbar elegante Spätburgunder

Den Namen Schneider gibt es im Markgräflerland häufiger, da muss man also aufpassen, dass es auch der richtige ist. Das Weingut Claus Schneider jedenfalls spiegelt die Markgräfler Kultur so richtig wider. Der Familienbetrieb produziert ausgesprochen klare und ehrliche Weine, und das zu einem guten Preis-Leistungs-Verhältnis. Sohn Johannes hat sich ebenfalls für den Weinbau entschieden und arbeitet derzeit in einem elsässischen Weinbaubetrieb. Mit 40% der zehn Hektar Rebflächen entfällt der Löwenanteil auf den Spätburgunder. Entsprechend hat Claus Schneider für seine Rotweine auch ein ganz besonderes Händchen. Sie sind sehr geschliffen, elegant und kommen fast wie eine Ballerina daher. Die Söhne Johannes und Christoph Schneider führen den Betrieb seit 2018 gemeinsam. Seit 2020 erfolgt die Umstellung auf biologisch/biodynamischen Weinbau.

4 km | 6 Min.

**Lörracher Straße 4, 79576 Weil am Rhein,
Tel. 07621 72817, E-Mail: info@weingut-am-schlipf.de,
www.weingut-am-schlipf.de.**

Die Weine €€

Verkosten Sie unbedingt den *Spätburgunder „vom Kalkstein"* trocken: Sie werden begeistert sein von seiner klaren, kühlen Stilistik. Er duftet nach frischen Kirschen, Schlehen und ätherischen Ölen – wie wenn Sie eine Orange schälen. Am Gaumen macht ihn seine feine Gerbsäure schlank und elegant. Exzellent ist auch der *Manyer Weisser Burgunder trocken,* der eine unglaubliche Mineralität mitbringt und mit wirklich langem Nachhall ausgestattet ist. Der *Brumaire/Haus Gupi Gutedel* gehört zu den besten, die ich kenne – er ist einfach out-standing!

Inzlinger Wasserschloss €€

Das formidable Wasserschloss ist nicht nur eine Augenweide – es strahlt auch eine ganz besondere Atmosphäre aus: Alles ist so hübsch, gepflegt und liebevoll, dass es für mich fast etwas Märchenhaftes besitzt. Aber was die Familie Beha in die Hand nimmt, macht sie stets mit viel Sorgfalt. So verwöhnen Sepp Beha und mittlerweile auch seine Tochter Simone ihre Gäste beispielswiese mit gedämpftem Atlantiksteinbutt in Beurre blanc mit Cavaillonspargel und La Ratte Kartoffeln oder Kalbsnierle in Senfrahmsauce mit Tagliatelle. Und wenn Sepp Beha ganz gut aufgelegt ist, dann singt er, und zwar richtig gut! Unbedingt zu empfehlen ist auch das moderne, frische, helle Gästehaus. *Hauptgerichte etwa 26 €.*

15,3 km | 18 Min.

**Riehenstraße 5, 79594 Inzlingen,
Tel. 07621 47057, E-Mail: info@inzlinger-wasserschloss.de,
www.inzlinger-wasserschloss.de.**

Hotel Restaurant Mühle in Binzen €€

Die Mühle in Binzen ist seit jeher für die Feinschmecker eine Reise wert. Wundern Sie sich nicht, auch den benachbarten Schweizern blieb dies nicht verborgen. Familie Hechler ist seit jeher Gastgeber ganz und gar. Wie gut, dass im Jahr 2019 der Betrieb von Nichte Sonja mit ihrem Schweizer Partner Fabio Elia übernommen wurde. Fabio hatte sich schon mit seinem Hotel Krone einen guten Namen geschaffen. Beide Hotels führen die beiden weiter, gekocht wird aber nur noch im Restaurant Mühle. Vorzugsweise greift der Koch zu Bio- und Demeter-Produkten aus der Region. Die Küche ist eine köstliche Kombination zwischen regional und mediterran. Freuen Sie sich beispielsweise auf ein köstliches Kalbskotelett mit Pfifferlingen und Risotto und zum Dessert BiNZeN MULE – Limette, Ingwer und Gin. *Doppelzimmer mit Frühstück ab 140 €.*

5,4 km | 9 Min.

**Mühlenstraße 26, 79589 Binzen,
Tel. 07621 1542697, E-Mail: muehle@muehlebinzen.de,
www.muehlebinzen.de.**

WÜRTTEM-
BERG

A 6 A 81

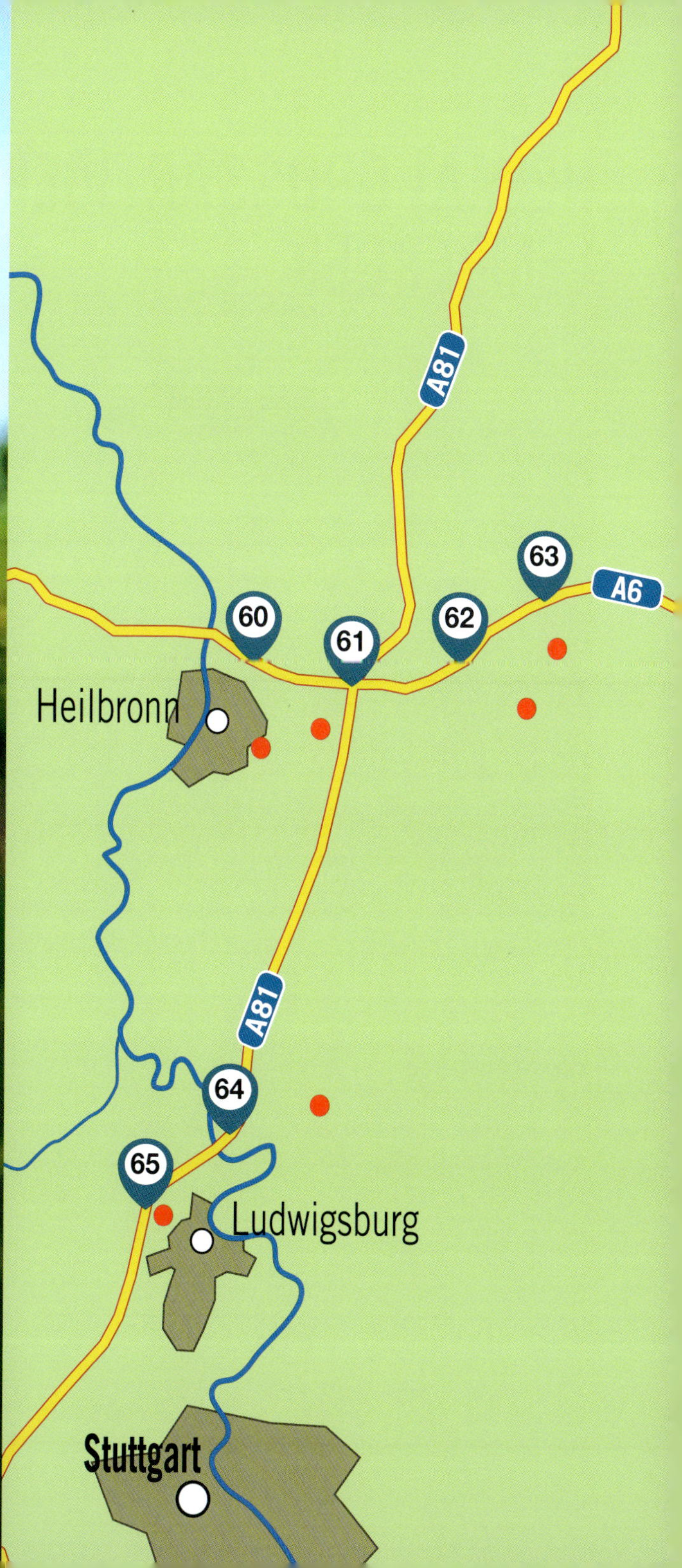
A81
63
A6
60
61
62
Heilbronn
A81
64
65
Ludwigsburg
Stuttgart

HEIMAT GROSSARTIGER LEMBERGER

Spaziergang mit Rundblick: der Wein- und Rosenrundweg am Weinsberger Weinberg.

Württemberg

Immer wieder staune ich, wie unterschätzt die Württemberger Weine in Deutschland sind – allerdings völlig zu Unrecht! Es gibt übrigens kaum eine andere Weinregion auf der Welt, in der die komplette Weinproduktion vor Ort getrunken wird. Im Prinzip ist es gut für die Winzer, sie sind jedes Jahr ausverkauft. Der Nachteil liegt darin, dass man die Weine außerhalb der Region so gut wie nicht kennt, und witzigerweise sind es dann immer die „Exilschwaben", die Württemberger Weine trinken. Die Rotweine aus Württemberg gehören zu den besten Deutschlands. Vor allem den Lemberger – in Österreich heißt er Blaufränkisch – sehe ich als Rotwein der Zukunft. Lemberger bringt immer sehr dunkelfarbige, kraftvolle und langlebige Rotweine hervor – ungefähr das Gegenteil von dem, was man sich früher unter einem deutschen Rotwein vorstellte. Seine Aromen haben eine faszinierende Würze – Pfeffer, ganz typisch, aber auch Wacholder und Kardamom, gepaart mit dunklen Beeren. Die etwas kräftigere Tanninstruktur verleiht dem Lemberger Langlebigkeit. In der Regel sollte man ihm deshalb vor dem Trinken ein bis zwei Jahre Reife gönnen. Die hohen Qualitäten, die im Barrique gereift sind, können locker zehn bis fünfzehn Jahre liegen. Mittlerweile sorgt die junge Winzergeneration mit Cuvées für viel Furore. Nach Bordelaiser Vorbild sieht sie darin die Königsklasse. Tatsächlich kann der Kellermeister noch kreativer sein: Beispielsweise bringt eine Rebsorte intensive Farbe, eine andere Fruchtigkeit und eine dritte vielleicht das Rückgrat. Ich stelle diese Weine oft in Vergleich mit internationalen Weinen und ich kann Ihnen sagen, da halten wir locker mit!

Apropos junge Winzer: 2002 taten sich die damals wirklich noch jungen „Wengerter" Jochen Beurer, Sven Ellwanger, Hans Hengerer, Rainer Wachtstetter und Jürgen Zipf als „Junge Schwaben" zusammen. Die Ursprungsidee war typisch schwäbisch: Kosten sparen bei Messen durch gemeinschaftliche Auftritte. Weitsichtig holten sie einen renommierten Weinexperten dazu und probierten und diskutierten über ihre Weine. Heute gehören alle fünf zu den Topproduzenten in Württemberg.

Probieren Sie unbedingt das „schwäbische Nationalgetränk", den Trollinger. Der leichte, hellfarbige Rotwein wird zwar oft belächelt, ist jedoch sehr bekömmlich und man kann ihn, leicht gekühlt, praktisch zu jeder Tages- und Nachtzeit trinken. Das erklärt auch, warum die Schwaben einen fast doppelt so hohen Weinverbrauch haben wie der deutsche Durchschnitt.

Rotweine aus Württemberg sind langlebig und gehören zu den besten in Deutschland.

60

A 6 Ausfahrt Heilbronn/Neckarsulm

WEINGUT DRAUTZ-ABLE

Bodenständiger und innovativer Familienbetrieb

Wo fange ich bei meiner Schwärmerei über dieses innovative Weingut nur an? Gleich bei den exzellenten Weinen? Oder bei der Seniorchefin Monika Drautz mit ihrem großen Herzen, die sich so fürsorglich um alles kümmert, oder lieber bei Sohn Markus Drautz, der mit seiner Frau Stephanie de Longueville-Drautz das Weingut übernommen und seither sehr erfolgreich weiterführt? Das Winzerehepaar ergänzt sich perfekt, es hat köstliche Weine für jeden Tag, große Weiß- und Rotweine mit enormem Potenzial, aber auch die Spielwiese mit Süßweinen pflegt es weiter. Der sympathische Familienbetrieb war schon früh Vorreiter – bereits in den 80er-Jahren hatte der Vater mit anderen Winzern die HADES-Gruppe gegründet. Ihr Ziel war es, den Ausbau der Weine im Eichenfass (Barrique) zu fördern. Die Gruppe hat eine neue Vinothek in Heilbronn eröffnet und engagiert sich in der Weinvilla in Heilbronn, einem Restaurant mit Vinothek – ein Treffpunkt für Weinliebhaber und Genießer mit Weinverkauf (Weinvilla Heilbronn, Cäcilienstraße 66, 74072 Heilbronn; www.wein-villa.de).

4,6 km | 8 Min.

Faißtstraße 23, 74076 Heilbronn,
Tel. 07131 177908, E-Mail: info@drautz-able.de,
www.drautz-able.de.

Die Weine €€

Vor allem die großartigen Rotweine von Drautz-Able sind sehr geschätzt. Eines der Flaggschiffe ist die *Cuvée Jodokus* aus Merlot, Cabernet Sauvignon und Lemberger – tiefdunkel, kraftvoll, mit einem Duft nach reifen schwarzen Kirschen und dunkler Schokolade. Was dieser Wein in der Nase verspricht, hält er am Gaumen. Mein erklärter Liebling ist der tiefdunkle *Lemberger HADES* mit seinem warmen würzigen Duft. Er erinnert an dunkle Beeren und Pfeffer. Seine reifen Tannine und eine feine, frische Gerbsäure verleihen ihm Finesse und Eleganz. Auch der knackig frische *Sauvignon blanc* und die umfangreiche Rieslingauswahl begeistern.

Restaurant Bachmaier €€

Bei Ulrike und Otto Bachmaier hat man den Eindruck, dass ihr modern und liebevoll gestaltetes Restaurant auch ihre Passion ist. Fünf Tische gibt es, und wenn das Wetter mitspielt, werden diese auf die Terrasse verlegt. Die Gerichte orientieren sich am Tagesmarktangebot oder sogar daran, was die Gärten in der Nachbarschaft gerade hergeben. Kreativ sind die Beschreibungen auf ihrer Speisekarte: Cavaillon Melone aus dem Ofen mit Island Seesaibling in Gewürzöl confiert, „Schwabenpasta" mit mediterraner Gemüsesugo und Parmesan, Poulet blanc de Bourgogne Label rouge mit Soubise von der weißen Gemüsezwiebel und wildem Brokkoli, Shortrib vom Hohenloher Weiderind in der Pfanne glaciert mit Senfsaat und Dillbohnen, Panna cotta im Glas mit weißem Pfirsich, Himbeeren, Cashewcrumble und Himbeersorbet. Otto Bachmaier können Sie in der offenen Küche bei der Zubereitung zuschauen. Alles in allem: ein Kleinod mit viel Liebe zum Detail!

4,5 km | 8 Min. **Untere Neckarstraße 40, 74072 Heilbronn, Tel. 07131 6420560, www.restaurant-bachmaier.de.**

Insel Hotel Heilbronn €€€

Bereits in der dritten Generation lenkt die Familie Mayer die Geschicke des 4-Sterne-Hauses mit 125 Zimmern und Suiten, Hallenschwimmbad, Sauna, Fitnessbereich sowie eigenem Park. Es wurde nach dem Krieg auf der Neckarinsel errichtet. Diese Insellage sorgt für Ruhe, trotzdem ist das Stadtzentrum fußläufig zu erreichen. Das Hotel ist von zeitloser Eleganz mit exzellenter Ausstattung. Im Schwäbischen Restaurant wird für das leibliche Wohl gesorgt. Der Name verrät bereits, dass hier regionale Gerichte und natürlich Weine im Vordergrund stehen. Doch man kann auch hochdeutsch und international. *Doppelzimmer mit Frühstück ab 149 €.*

6 km | 10 Min. **Willy-Mayer-Brücke, 74072 Heilbronn, Tel. 07131 6300, E-Mail: insel@insel-hotel.de, www.insel-hotel.de.**

61

A 6/A 81 Kreuz Weinsberg

STAATSWEINGUT WEINSBERG

Immer einen Schritt voraus

Die Staatliche Lehr- und Versuchsanstalt für Wein- und Obstbau Weinsberg ist die älteste Weinbauschule Deutschlands: Sie wurde bereits 1868 von Karl von Württemberg als „königliche Weinbauschule" gegründet. Nicht nur national, sondern auch international hat sie einen exzellenten Ruf als Hochschule für Weinbautechniker.

Heute gehört das Staatsweingut zu den modernsten Weingütern Deutschlands. Allein der Keller des Guts ist eine wahre Augenweide, ein bisschen gleicht er dem Keller von Château Lafite-Rothschild. Der Verkaufsraum, eine Vinothek, wurde 1999 mit viel Glas und modernen Materialien errichtet und bereits mehrfach mit Architekturpreisen ausgezeichnet. Dabei ist es aber nicht so, dass hier unglaublich viele Gelder fließen würden! Das Team unter der Leitung von Dr. Dieter Blankenhorn ist vielmehr unglaublich patent und wartet immer wieder mit neuen und frischen Ideen auf, die es dann auch schwungvoll in die Tat umsetzt.

1,6 km | 5 Min.

Traubenplatz 5 (Navigationsgerät: Haller Str. 6), 74189 Weinsberg, Tel. 07134 504167, E-Mail: info@staatsweingut-weinsberg.de, www.sw-weinsberg.de.

Die Weine €€

Die Weine, die unter der Leitung von Dr. Dieter Blankenhorn entstehen, sind preisgekrönt: Der Pinotage hat den ersten Platz beim Deutschen Rotweinpreis bekommen, und beim Mundus Vini wurde der Spätburgunder als bester Rotwein Deutschlands prämiert. Viel Potenzial und internationales Niveau haben der *Spätburgunder* und *Lemberger Großes Gewächs.* Doch auch eine Kategorie tiefer gibt es richtig gute Weine, etwa die *Rotwein-Cuvée Sie & Er*: violettrot, duftet nach dunklen Beeren und ist schon in jungen Jahren weich und rund. Probieren Sie auch den Weißwein *Justinus K.* mit seinem Duft nach Stachelbeeren, Zitrusfrüchten und Pfirsichen.

Biorestaurant und Hotel Rappenhof €

In vollkommener Natur mit sensationeller Aussicht können Sie im schönen Wintergarten oder auf der Gartenterrasse des Rappenhofs wunderbar essen. Der Familienbetrieb ist immer gut frequentiert. Küchenchef Robert Marzahn ist die Regionalität und die hohe Qualität seiner Zutaten wichtig. Entsprechend verarbeitet er Bio-Angusrind aus Freilandhaltung, Lammfleisch vom Wanderschäfer sowie Eis vom Bauernhof. Auf der Speisekarte findet man saisonale Köstlichkeiten und schwäbische Klassiker wie Zwiebelrostbraten, Maultaschen und Spätzle. Die Weinkarte bietet eine gute Auswahl an badischen und Württemberger Weinen. *Hauptgerichte etwa 18,50 €.*

5,2 km | 8 Min.

Rappenhofweg 1, 74189 Weinsberg, Tel. 07134 5190, E-Mail: rezeption@rappenhof.de, www.rappenhof.de.

Das Wildeck Hotel €€

Idyllisch gelegen am Fuße der Löwensteiner Berge liegt das moderne Hotel mit seiner außergewöhnlichen Verbindung von Design und Natur, Moderne und Tradition. Benannt ist es nach Ludwig I. von Löwenstein, der auf einer nahe gelegenen Burg Wildeck lebte. Die ansprechenden Zimmer und Suiten sind alle modern gestaltet, hell und puristisch. So richtig ausspannen und sich verwöhnen lassen kann man bei einer Hot-Stone-Massage in dem kleinen, feinen Spa. Neu gestaltet wurde auch das Hotelrestaurant. Der Schwerpunkt der Küche von dem in der Region sehr bekannten Patron Jürgen Mosthaf liegt auf regionalen Produkten, die pfiffig interpretiert werden. Geschätzt werden vor allem seine Wildgerichte, die aus eigener Jagd stammen. Die Weinkarte bietet alle Topwinzer sowohl aus der Region wie auch namhafte Winzer aus dem In- und Ausland. *Doppelzimmer mit Frühstück ab etwa 134 €.*

8,6 km | 8 Min.

Heilbronner Straße 16, 74232 Abstatt, Tel. 07062 9780, E-Mail: info@das-wildeck.de, www.das-wildeck.de.

62 A 6 Ausfahrt Bretzfeld

WEINGUT BIRKERT

Ein Familienbetrieb wie aus dem Bilderbuch

Bei Birkerts ist die Welt noch in Ordnung: Drei quirlige Generationen ergänzen sich wunderbar und bringen regelrecht Farbe in den Alltag. Für Boris Birkert war es von klein auf klar, dass er einmal Winzer wird. Neben seinem Studium in Geisenheim hat er auch ein Stipendium an der University of California in Davis absolviert sowie ausgiebige Erfahrungen in Südafrika und Burgund gesammelt. Im Jahr 2000 kehrte er nach Hause zurück und übernahm zwei Jahre später mit seiner Frau Regina den elterlichen Betrieb. Neben der saisonal geöffneten Besenwirtschaft mit überdachtem Innenhof können seit 2022 Verkostungen in der neuen, modernen Vinothek angeboten werden. Im Trend liegen bei Birkerts neben Riesling und Lemberger vor allem internationale Rotweinrebsorten wie Syrah, Merlot und Cabernet, aber auch frische trockene Weißweine aus Chardonnay, Sauvignon blanc und Grauer Burgunder. PiWi-Rebsorten wie Sauvitage und Muscaris sind auf dem Vormarsch und bestätigen die nachhaltige Wirtschaftsweise nach Fair'n Green anschaulich. Obstbau mit Edelbrennerei und Imkerei runden den Familienbetrieb gekonnt ab.

3, 7 km | 5 Min.

Unterheimbacher Straße 28, 74626 Bretzfeld, Tel. 07946 484, E-Mail: info@weingut-birkert.com, www.weingut-birkert.com.

Die Weine €

Wunderbar floral, elegant und geschliffen zeigt sich der *Weissburgunder trocken* (8 €) oder der mit super exotischer Frucht, aber auch tiefgründig und mineralisch daherkommende *Sauvignon blanc* (10 €). Die Königsklasse von Boris Birkert sind die Rotweine: ob leichter Trollinger (wunderbar zur Vesper oder Picknick), Lemberger oder Cuvées – sie alle sind große Weine zu einem super Preis-Leistungs-Verhältnis.

Landhaus Rössle €€€

Im Jahr 2005 haben sich Bernd Pils und seine Frau Inka Thomßen-Pils mit dem Landhaus Rössle in Bretzfeld selbstständig gemacht: ein stilvolles Ambiente mit einem lauschigen Sommergarten. Bernd Pils hatte zuvor in mehreren mit Michelin-Sternen dekorierten Häusern gearbeitet, nun interpretiert er mit Leidenschaft und Kreativität regionale Speisen neu und legt dabei großen Wert auf frische, naturbelassene Grundprodukte, vorzugsweise aus der Region. Ein vollendeter Genuss werden seine Menus durch die Weinempfehlung der Hausherrin und Sommelière Inka. In den hellen, großzügigen und liebevoll im Landhausstil eingerichteten Zimmer kann man gut übernachten. Selbstverständlich erwartet Sie hier am nächsten Morgen ein umwerfendes Landhausfrühstück mit selbst gebackenem Brot und selbst gekochten Marmeladen. *Hauptgerichte etwa 36 €.*

11,3 km | 14 Min.

Mainhardter Straße 26, 74626 Bretzfeld-Brettach,
Tel. 07945 91110, E-Mail: landhaus@roessle-brettach.de,
www.roessle-brettach.de.

Hotel & Restaurant Bahnhof Busch €

Der historische Bahnhof von Bretzfeld aus dem Jahr 1862 ist ein echter Hingucker. 2011 hat die Familie Busch vom gleichnamigen Weingut in Bretzfeld den denkmalgeschützten Bahnhof mit viel Aufwand komplett restauriert. Jetzt haben Sie die Möglichkeit, dort zu nächtigen, wo früher das Bahnpersonal wohnte – natürlich mit modernem Komfort. Der ehemalige Wartesaal wurde zum Restaurant umfunktioniert, das sich dem Motto Weingenuss verschrieben hat. Denn die Familie Busch macht hervorragende Weine, vor allem die Lemberger und Spätburgunder. Wirklich wunderbar ist ihre Speisekarte, etwa der Zwiebelrostbraten vom Weiderind mit hausgemachten Spätzle. Zu jedem Gericht gibt es glasweise einen passenden Wein. In der angeschlossenen Vinothek hat man die Möglichkeit, die Weine des Weinguts Busch zu erwerben und sie vielleicht gleich als Mitbringsel hübsch verpacken zu lassen. *Doppelzimmer mit Frühstück ab 89 € (inkl. S-Bahn-Ticket).*

2,8 km | 4 Min.

Bahnhofstraße 23, 74626 Bretzfeld,
Tel. 07946 9473894, E-Mail: info@bahnhof-busch.de,
www.karl-busch.com.

63 A 6 Ausfahrt Öhringen

FÜRST HOHENLOHE-ÖHRINGEN

Kultwein: Ex flammis orior

Zu den ersten großen Rotweinen aus Württemberg gehörten vor 25 Jahren der *Verrenberger Verrenberg Lemberger* und die Rotwein-Cuvée *Ex flammis orior*. Beide sind noch heute absolute Glanzstücke des fürstlichen Weinguts. Bereits im Jahr 1253 begann die Familie mit dem Weinbau – zu einer Zeit, in der es nur dem Adel und Klöstern gestattet war, Wein zu machen.

Heute wird Hohenlohe-Öhringen bereits in der 27. Generation geführt. Doch von Müdigkeit sieht man keine Spur! Von den 20 Hektar Rebfläche liegen 17 Hektar in der Monopollage Verrenberger Verrenberg. Bereits 2008 erfolgte die Umstellung auf ökologischen Weinbau. Für eine perfekte Verarbeitung der Trauben wurde eine sensationelle neue Kellerei gebaut, in die viel internationale Erfahrung geflossen ist. Der Bau fügt sich wirklich gut in die Landschaft ein, denn der Keller wurde zu großen Teilen unterirdisch angelegt. Zur Stärkung nach der Weinprobe kann ich Ihnen empfehlen, in der Wiesenkelter am Fuße der Monopollage Verrenberger Verrenberg einzukehren.

3,7 km | 6 Min.

Wiesenkelter, 74613 Öhringen, Tel. 07941 94910, E-Mail: info@verrenberg.de, www.verrenberg.de.

Die Weine €€

Die *Rotwein-Cuvée Ex flammis orior* aus Lemberger, Cabernet Franc und Merlot ist wie ein Bordeaux gearbeitet. Tiefschwarz steht der Wein im Glas und duftet trotz seiner enorm konzentrierten Art sehr floral, zugleich erinnert er an Himbeeren und Zimt. Im Mund entfaltet er seine ganze Kraft und Üppigkeit, wirkt dabei verwoben und Sie spüren ihn noch lange im Nachhall. Doch auch der *Gutswein Riesling* mit seiner feinen Zitrusfrische und charaktervollen Art macht viel Freude.

Württemberger Hof €

Der Württemberger Hof in Öhringen ist ein Traditionshaus mit Charme und Geschichte. Für den Charme und die Offenheit des 4-Sterne-Hauses sorgt das engagierte Team. Kulinarische Entdeckungen versprechen wechselnde Aktionen, beispielsweise mit saisonalen und sommerlichen Gerichten, mit Spargel, Fisch oder Burgern. Im Sommer ist die Terrasse ein beliebter Treffpunkt. Die *Mittagskarte mit wechselnden Gerichten sowie das Mittagslunch-Angebot für 25 € – inklusive Wasser und Espresso* – haben sich bestens etabliert. Das Innere des Hotelrestaurants verfügt über einen hellen, offenen und zeitlosen Stil sowie eine Spielecke für die kleinen Gäste. Die Räumlichkeiten, die für Tagungen und Feiern aller Art gemietet werden können, präsentieren sich in Weiß und Naturfarben. Wer nach einer Feier dableiben möchte, kann in einem der modernen Zimmer übernachten und den Tag im Wellnessbereich ausklingen lassen. *Hauptgerichte ab 10,50 €.*

4,2 km | 4 Min.

**Karlsvorstadt 4, 74613 Öhringen,
Tel. 07941 92000, E-Mail: info@wuerttemberger-hof.de,
www.wuerttemberger-hof.de.**

Wald- & Schlosshotel Friedrichsruhe €€€

Friedrichsruhe ist in einen großzügigen Park und Wald eingebettet. 2005 hat Reinhold Würth das Resort übernommen. Nach der Hotelrenovierung 2008 wurde auch das 4400 Quadratmeter große, mehrfach ausgezeichnete Spa Haus eröffnet. Probieren Sie unbedingt die sensationelle SanVino-Weinwellness-Linie und die wunderbaren hauseigenen Produkte auf der Basis von kalt gepresstem Traubenkernöl. Im Gourmetrestaurant kocht seit 2016 Boris Rommel so exzellent, dass es dem Michelin gleich zwei Sterne wert ist. Am besten bleiben Sie gleich noch einen Tag länger, denn auch die hervorragend bestückte Weinkarte lädt zum Verweilen ein. Das Restaurant Jägerstube mit den regionalen Gerichten ist ebenfalls immer einen Besuch wert. *Doppelzimmer mit Frühstück ab 300 €.*

8,7 km | 11 Min.

**Kärcherstraße 11, 74639 Zweiflingen-Friedrichsruhe,
Tel. 07941 60870, E-Mail: hotel@schlosshotel-friedrichsruhe.de,
www.schlosshotel-friedrichsruhe.de.**

64

A 81 Ausfahrt Pleidelsheim

WEINGUT GRAF ADELMANN

Herrschaftliche Parkanlage

Die Burg Schaubeck wirkt eher trutzig, doch die Hausherren verstehen es, eine spielerische Leichtigkeit hineinzubringen. Der wunderschöne Park erinnert an frühere Adelszeiten. Bekannt ist die Burg auch für ihre tollen Events. Kultur in allen Schattierungen nimmt bei Familie Graf Adelmann einen hohen Stellenwert ein. Ich kann mich noch gut erinnern, wie Michael Graf Adelmann die ersten Rotwein-Cuvées ausbaute und die HADES-Gruppe mit begründete. Fünf „Wengerter" schlossen sich in den 80er-Jahren zusammen, um sich voll und ganz dem Ausbau in Barriquefässern zu widmen – mit großem Erfolg! Seit einigen Jahren weht ein junger Wind durch die Burg: 2011 hat nach zahlreichen nationalen und internationalen Erfahrungen Sohn Graf Felix das Weingut übernommen. Eine seiner ersten Taten war die Einführung der markanten Etiketten in Schwarz-Weiß, den Fensterläden der Burg nachempfunden. Mit diesen Etiketten gewann Felix Graf Adelmann 2018 den Red Dot Design Award und im Folgejahr auch gleich den German Brand Award – zwei der international bedeutendsten Preise für Gestaltung.

7 km | 11 Min.

Auf Burg Schaubeck, 71711 Steinheim-Kleinbottwar, Tel. 07148 921220, E-Mail: weingut@graf-adelmann.com, www.graf-adelmann.com.

Die Weine €€

Graf Adelmanns Rieslinge sind schlank und elegant. Ganz groß sind für mich seine Rotwein-Cuvées, etwa *Herbst im Park* und *Carpe Diem*. Während der erste sich kräuterig, fein geschliffen und mit zarten pfeffrigen Aromen präsentiert, ist *Carpe Diem* ein üppiger Kraftprotz – tiefschwarz und mit einem Duft nach Zimt, Wacholder, Pflaumen. Am Gaumen spüren Sie seine satte Tanninstruktur und fleischige Art.

Restaurant Maerz & Maerz €€€

„Heimweh – Fernweh", lautet das Motto der Brüder Benjamin und Christian Maerz – sie lieben saisonale regionale Speisen, kombiniert mit einfallsreichen Aromen aus der ganzen Welt. Küchenchef Benjamin interpretiert regionale Küche so kreativ und neu, dass es auch dem Michelin-Führer einen Stern wert ist. Sein Signature-Menü „Heimweh – Fernweh" startet mit zehn ausgefallenen kleinen Gerichten, bis es zum Hauptgang geht mit beispielsweise Ente über Holzkohle gegrillt dazu wilder Brokkoli und Kohl oder alternativ Filet vom Saibling dazu Karotte und Zwergorange. Es folgen dann noch viele kleine Nachspeisen ... Für die perfekte Getränkebegleitung sorgt Bruder Christian. Die Wahl fällt bei ihm schwer zwischen seiner exzellenten Weinauswahl, Craft Beer oder auch ausgefallenen alkoholfreien Varianten. Für erste Variante empfehle ich Ihnen, gleich ein Zimmer in ihrem angeschlossenen Hotel Rose zu buchen. *Menü 139 € mit Getränkebegleitung 69 € oder der alkoholfreien Begleitung 49 €.*

7,4 km | 15 Min.

Kronenbergstraße 14, 74321 Bietigheim-Bissingen, Tel. 7142 42004, E-Mail: info@hotel-rose.de, www.maerzundmaerz.de.

Hotel zum Ochsen €€

Der Ochsen ist der älteste Landgasthof der Region und stammt aus dem 17. Jahrhundert. Seit 1923 wird er als Familienbetrieb geführt und heute bereits in der dritten Generation von Renate und Ernst Schick. Das Hotel wurde 1979 erbaut und zuletzt 2010 renoviert. Insgesamt 30 individuell und modern eingerichtete Zimmer im Landhausstil stehen für die Gäste bereit. In den behaglichen Gaststuben – im Sommer auch im Pavillon – erwartet Sie die rustikale Gemütlichkeit der guten alten Zeit. Der Service im Hotel ist ausgesprochen freundlich und aufmerksam – eben wie in einem Familienbetrieb üblich. Das Hotel zum Ochsen ist eine gute Destination für wunderschöne Ausflüge. *Doppelzimmer mit Frühstück ab etwa 100 €.*

13,5 km | 14 Min.

Großbottwarer Straße 31, 71720 Oberstenfeld, Tel. 07062 9390, E-Mail: hotel@hotel-gasthof-zum-ochsen.de, www.hotel-gasthof-zum-ochsen.de.

65

A 81 Ausfahrt Ludwigsburg-Nord

HERZOG VON WÜRTTEMBERG

Beliebtes Ausflugsziel

Herzog Michael von Württemberg führt erfolgreich weiter, was seit dem 13. Jahrhundert Bestand hat: Weinbau in der königlichen Familie. Mit rund 40 Hektar Rebflächen in den besten Lagen kann Herzog Michael mit seinem vielfach ausgezeichneten Kellermeister Joachim Fischer alles: mineralische, schlanke fruchtbetonte Rieslinge aus den extremen steilen Lagen, aber auch moderne Rebsorten wie Sauvignon blanc, Merlot oder Cabernet Sauvignon. In den letzten Jahren hat das Weingut die Qualität seiner Rotweine enorm gesteigert. Früher wurden die Weine im Keller unter dem Alten Schloss in Stuttgart ausgebaut. Gott sei Dank entschied sich Herzog Michael, den Keller ins Schloss Monrepos zu verlegen. Das Schloss liegt inmitten der Weinberge und der größere Keller bietet viel Platz für modernste Technik. Monrepos beherbergt jedoch nicht nur den Keller, sondern auch eine Vinothek, in der man die Weine verkosten und kaufen kann, eine Gutsschenke mit feiner Küche und wunderschöner großzügiger Terrasse sowie ein 4-Sterne-Hotel. Großer Beliebtheit erfreuen sich auch die Weinautomaten am Weingut und am Bootsverleih.

4,2 km | 4 Min.

Monrepos 9, 71634 Ludwigsburg,
Tel. 07141 221060, E-Mail: weingut@hofkammer.de,
www.weingut-wuerttemberg.de.

Die Weine €€

Der *Maulbronner Eilfinger Lemberger Erste Lage trocken* zeigt eine tolle Würze und erinnert an Pfeffer und dunkle Beeren. Auch am Gaumen behält er sein Beerenaroma. Zu meinen Favoriten gehört der exzellente Riesling aus der Lage *Stettener Brotwasser*. Wunderbar frisch, leicht und verspielt kommt er daher, sein Duft erinnert an Zitrusfrüchte und noch mehr an frische Kräuter. Weithin wird Kellermeister Joachim Fischer für seine großartigen Rotwein-Cuvées wie *Dux* und *Ducissa* gefeiert!

Restaurant Leibspeise €

Im Golfrestaurant Leibspeise muss man nach dem Pächterwechsel 2022 telefonisch einen Tisch reservieren. Die neu gestaltete Terrasse – mit spanischen Treppen und Blick auf den Golfplatz – ist die schönste in Ludwigsburg! Chef Manuel Meschenmoser kocht immer frisch, regional und saisonal. Je nach Saison bietet er Pfifferlinge, Spargel oder Wild in unterschiedlichen Varianten an. Restaurantleiter Robert Vidackovic hat zu den Gerichten den passenden Tropfen aus dem Haus von Württemberg parat. *Hauptgerichte ab 13 €.*

4,5 km | 5 Min.

**Monrepos 21, 71634 Ludwigsburg,
Tel. 07141 5056689, E-Mail: info@restaurant-leibspeise.de,
www.restaurant-leibspeise.de.**

Hotel & Restaurant Adler €€

Für Feinschmecker ist der Adler mit den Restaurants Schwabenstube und Tapasbar Aguila ein Muss. In der Tapasbar sind die original Tapas ein Gedicht und von der spanischen Handelskammer zertifiziert. In der Schwabenstube, die seit 2006 mit einem Michelin-Stern ausgezeichnet wurde, schmelzen Sie bei den Kreationen von Küchenchef Max Speyer dahin. Er zaubert Pfifferlings Raviolo mit Mandelschaum, gebratenen Aprikosen und mariniertem Romanaherz oder Steinbutt mit Salat von roten Linsen und Blumenkohl, Zucchiniblüte und Kartoffelcreme. Christian und Dr. Dory Ottenbacher bewahren 125 Jahre Familientradition in dem wunderschönen Fachwerkhaus mit seinen 70 Zimmern und Hallenbad. *Hauptgerichte im Aguila ab etwa 15 €, in der Schwabenstube ab etwa 40 €.*

4,5 km | 9 Min.

**Stuttgarter Straße 2, 71679 Asperg,
Tel. 07141 26600, E-Mail: info@adler-asperg.de,
www.adler-asperg.de.**

FÜR ENTDECKER Der hübsche Eglosheimer See mit dem barocken Seeschloss Monrepos und der großzügigen Parkanlage lädt zu ausgiebigen Spaziergängen ein.

Restaurants & Hotels

ZUR AUTORIN

Natalie Lumpp ist Deutschlands bekannteste Weinexpertin. Die junge Badenerin war schon früh begeistert von den Facetten der Weine und Jahrgänge, und schon bald war klar: Wein ist ihre Berufung! Nach einer Ausbildung zur Hotelkauffrau und Stationen in der Spitzengastronomie – Traube Tonbach, Chef-Sommelière im Hotel Bareiss und Restaurantleiterin im Imperial – wurde sie 1997 zur besten Sommelière Deutschlands bei der Trophée Ruinart gekürt. Seit 2000 führt Natalie Lumpp ihr eigenes Unternehmen „Wein erleben!". Sie organisiert Weinseminare, -reisen und ist als Weinberaterin tätig. Zudem ist sie freie Mitarbeiterin bei zahlreichen Wein- und Gourmetzeitschriften, erfolgreiche Buchautorin und regelmäßig in TV-Sendungen als Weinexpertin präsent.

IMPRESSUM

Hinter jedem tollen Buch steckt ein starkes Team

Projektleitung: *Tom Mathony (Neuauflage), Gerti Köhn (Altauflage)*
Texte: *Natalie Lumpp*
Lektorat (Altauflage): *Dr. Claudia Teibler, Renate Finkeldey, Ines Alms, Eva-Marie Hege*
Korrektorat (Neuauflage): *Constanze Lüdicke*
Grafische Gestaltung: *Melville Brand Design*
Satz: *Anton Walter*
Cover-Illustrationen: *Florian Brugger, Rinah Lang, iStock: mariaflaya*
Karten: *Moritz Schäfer*
Herstellung: *Frank Jansen*
Producing: *Jan Russok*
Druck & Bindung: *Grafotisak, BiH-Grude*

Alle Rechte vorbehalten. All rights reserved.
Das Werk darf — auch teilweise — nur mit Genehmigung des Verlags wiedergegeben werden.

1. Auflage 2023

© 2023 Edel Verlagsgruppe GmbH

Kaiserstraße 14 b
D-80801 München
ISBN: 978-3-96584-351-6

BILDNACHWEIS

Fotos: privat (Weingüter); außer: Klaus Hennig-Damasko: 4; Peter Bender: 34, 44, 46, 66; Dominik Ketz: 35; T. Vollmer: 36; Hendrick Haase: 42; David Maurer: 64; André Kunz von Pfalzweinfoto: 68; Hardy Müller: 70; Melanie Hubach: 72; Anne Grossmann Fotografie: 74; Oliver Goetz: 48, 76; Anna Ziegler: 78; Lukas Hofstätter: 80; Andreas Durst: 86; Ralf Kuhn: 94; Peter von Felbert: 98; Oliver Killig: 110; Christoph Göckel: 112; Stephan Zirwes: 124; Axel Gross: 160. Fotolia: Robert Kneschke: 2, 51; RalfenByte: 22, 24, außen; dp@pic: 25, außen; Carsten Meyer: 50; Svenni: 90; Vielfalt: 88, 91; Reinhard Sester: 112, 114; JWS: 115; hanphosiri: 158. Shutterstock: New Africa: 6; barmalini: 7, 21; Claudia Harms-Warlies: 8; Africa Studio: 9; il21: 10; RAW-films: 14; Kati Finell: 17; Richard Semik: 19; IVASHstudio: 20; Umut_Kaya: 37; Kari Ahlers: 47; 156, 159.

LIEBE LESERINNEN, LIEBE LESER

wie schön, dass Sie ein Buch von ZS in den Händen halten. „jetzt leben!" ist das Motto unseres Verlages. Es steht für Genuss und Inspiration, Unterstützung und Motivation. Ob Kulinarik oder Fitness, Gesundheit oder Lebenshilfe – seit über 30 Jahren bieten wir kompetente Ratgeber für (fast) alle Lebenslagen. Wir lieben Tradition genauso wie Innovation – sie treiben uns an. Unsere Autorinnen und Autoren sind Menschen, die zu ihrem Thema wirklich etwas zu sagen und zu schreiben haben. Unsere Produkte sind erzählerisch, appetitmachend und als gedruckte Bücher haptisch echte Erlebnisse. Für Sie mit ganz viel Liebe gemacht! Entdecken Sie mehr aus unserer wunderbaren Welt!

UNSER VERLAGSHAUS

Mit Standorten in Hamburg und München zählt die Edel Verlagsgruppe zu den größten unabhängigen Buchanbietern Deutschlands. Zur Gruppe gehören die Verlage Dr. Oetker Verlag, Edel Sports, KARIBU und ZS.

ZS - Ein Verlag der Edel Verlagsgruppe
www.zsverlag.de
www.facebook.com/zsverlag
www.instagram.com/zsverlag

FÜR DIE UMWELT

ZS unterstützt bei der Produktion dieses Buches das Projekt „Junge Riesen für die nächsten 100 Jahre" im Naturpark Nossentiner/Schwinzer Heide. Damit wird ein Anteil der unvermeidbaren CO_2-Emissionen im direkten Umfeld des Produktionsstandortes kompensiert.

PARTNER
Naturpark Nossentiner/Schwinzer Heide
www.optimal-media.com/naturschutzprojekt-001

NEWSLETTER

Was koche ich heute Feines? Und wie geht das – schmackhaft und gesund?

Melden Sie sich jetzt zum ZS-Genuss-Service an und verpassen Sie keine kulinarischen und gesundheitlichen Trends mehr. Wir informieren Sie regelmäßig über unsere Neuerscheinungen, Aktionen oder Gewinnspiele und verraten Ihnen unsere Lieblingsrezepte!

GEWINNEN

Unter allen Neuabonnierenden verlosen wir jeden Monat eine *ZS-Genuss-Box* im Wert von 75,00 €.

Jetzt anmelden unter:
www.zsverlag.de/newsletter

oder den QR Code scannen:

ANMELDEN!

Ein Grundkurs für Einsteiger und Genießer

Jens Priewe
Grundkurs Wein

ISBN 978-3-89883-941-9

Weinwissen kompakt

Jetzt überall, wo es gute Bücher gibt.